착함의 철학

50 Ethics Ideas You Really Need to Know
Copyright @ 2013 by Ben Dupré
All rights reserved.

published in Great Britain by Quercus, part of John Murray group
Carmelite House, 50 Victoria Embankment, London EC4Y 0DZ

An Hachette UK company

The authorised representative in the EEA is Hachette Ireland,
8 Castlecourt Centre, Castleknock Road,
Castleknock, Dublin 15, D15 YF6A, Ireland
(email: info@hbgi.ie)

Korean translation copyright @ 2025 by GEULDAM PUBLISHING CO.
Korean translation rights arranged with QUERCUS PUBLISHING PLC
through Eric Yang Agency.

이 책의 한국어판 저작권은 에릭양 에이전시(Eric Yang Agency)를 통해
QUERCUS PUBLISHING PLC와 독점 계약한 글담출판사가 소유합니다.
저작권법에 따라 한국 내에서 보호받는 저작물이므로 무단 전재 및 복제를 금합니다.

착함의 철학

좋은 사람으로 산다는 일의
어려움과 아름다움

벤 뒤프레 지음
박일귀 옮김

아날로그

착함의 철학

초판 1쇄 인쇄 2025년 12월 15일
초판 1쇄 발행 2025년 12월 20일

지은이 벤 뒤프레
옮긴이 박일귀
펴낸이 김종길
펴낸 곳 글담출판사 브랜드 아날로그

기획편집 이경숙·김보라 영업홍보 김지수
디자인 손소정 관리 이현정

출판등록 1998년 12월 30일 제2013-000314호
주소 (04029) 서울시 마포구 토정로 222 한국출판콘텐츠센터 309호
전화 (02) 998-7030 팩스 (02) 998-7924
블로그 blog.naver.com/geuldam4u 이메일 geuldam4u@geuldam.com

ISBN 979-11-92706-44-3 (03190)

* 책값은 뒤표지에 있습니다.
* 잘못된 책은 바꾸어 드립니다.

만든 사람들
책임편집 김보라 디자인 손소정 교정교열 상상벌레

글담출판에서는 참신한 발상, 따뜻한 시선을 가진 원고를 기다리고 있습니다.
원고는 아래의 투고용 이메일을 이용해 보내주세요. 여러분의 소중한 경험과 지식을 나누세요.
이메일 to_geuldam@geuldam.com

머리말

우리는 매순간 옳고 그름을
판단하며 살아갑니다

윤리학은 옳고 그름을 다루는 학문입니다. 쉽게 말해 무엇을 해야 하는지, 무엇을 하지 말아야 하는지에 대한 것이지요. 우리의 행동 방식을 이끄는 근본 원리는 무엇일까요? 살아가면서 지켜야 할 가치는 무엇일까요? 인생의 목적과 의미는 무엇일까요?

꽤 심오한 질문들입니다. 물론 우리는 이미 몇 가지 질문의 답을 알고 있습니다. 살인은 잘못된 행위라는 사실은 누구나 압니다. 그런데 정말 그럴까요? 살인자가 사람을 죽이는 것은 옳지 않습니다. 그렇다면 처벌을 목적으로 살인자를 죽이는 행위는 과연 옳을까요, 그를까요? 군인은 국가에 충성하는 마음으로 적군을 죽이지만, 과연 그 권한이 전쟁 중에 살인하는 행위를 정당화할 수 있을까요? 불치병 환자의 안락사나 더 넓게는 가축의 도축 같은 문제도 있습니다. 이처럼 살인은 잘못된 행위라는 주장에 대한 다양한 의문점이 생길 수 있습니다.

인간이 무엇을 해야 하고 어떤 존재가 되어야 하는가라는 질문은 인간 본성의 핵심입니다. 인간은 근본적으로 윤리적인 존재이기 때문에 이러한 질문은 인류의 역사만큼이나 오래전부터 제기되었습니다. 아이작 뉴턴Isaac Newton은 다음과 같은 유명한 말을 남겼습니다. "내가 만약 좀더 멀리 보고 있다면, 그건 거인의 어깨 위에 서 있기 때문이다." 윤리학이라는 분야도 마찬가지입니다. 플라톤, 아리스토텔레스, 칸트, 벤담, 밀 같은 옛 거장들과 이들의 철학을 계승하는 철학자들이 전해준 통찰력이 없었다면, 윤리학은 지금처럼 제 기능을 발휘하기 어려웠을지도 모릅니다. 그런데 이 철학자들의 위대한 사상도 성경이나 『코란』만큼 인간의 행위에 영향을 주지는 못했습니다. 게다가 종교와 철학은 필연적으로 각자 주장하는 가치가 서로 충돌하면서 전혀 다른 결론에 도달하는 경우가 많습니다.

 이 책에서는 종교와 세속을 가리지 않고 모든 영역의 사상가들이 제공하는 통찰을 바탕으로 중요한 윤리적 주제들을 살펴볼 것입니다. 여기서 논의하는 주제들은 우리가 생각하고 행동하는 방식에 도전하고, 무엇보다 그 자체가 중요한 문제이므로 끊임없이 흥미를 불러일으킵니다. 제가 이 책을 쓰면서 그랬듯 여러분에게도 이 책이 마음의 양심을 톡톡 건드리는 기폭제가 되기를 바랍니다.

벤 뒤프레

차례

머리말

1부
사람답게 살기 위한 최소한의 원칙

- 01장 • 말한 대로, 행한 대로: 황금률   012
- 02장 • 개인의 자유와 타인의 자유 보호: 위해 원칙   017
- 03장 • 옳은 일의 판단 기준: 목적과 수단   023
- 04장 • 쾌락과 고통의 덧셈, 뺄셈: 공리주의   027
- 05장 • 예외를 인정하지 않는 순수한 의무: 칸트 윤리학   032
- 06장 • 상식과 의무의 충돌과 균형: 조건부 의무   037
- 07장 • 좋은 의도와 나쁜 결과의 도덕: 이중 효과   042
- 08장 • 하지 않은 행위에 대한 책임: 행위와 무위   048
- 09장 • 우연히 결정된 불행과 자유의 책임: 도덕적 행운   053
- 10장 • 국민의 동의, 국가의 의무: 사회 계약   058
- 11장 • 최선의 삶을 위한 합리적 선택: 덕 윤리   064
- 12장 • 사람과 사회, 우정의 가치: 인본주의   069
- 13장 • 존재하지 않는 진리와 무력한 이성: 허무주의   073

2부

미덕과 선함의 본모습

- 14장 • 재화를 공정하게 분배하는 방법: 정의 080
- 15장 • 정의로운 국가의 조건: 평등 085
- 16장 • 인간의 다양성과 자율성에 대한 존중: 관용 090
- 17장 • 인간의 존엄성 대 관습의 도구: 권리 096
- 18장 • 심리적 이기주의, 자기 만족의 욕구: 이타주의 102
- 19장 • 사회적 동물의 또 다른 자아: 우정 106
- 20장 • 한계 없는 이상과 효용의 문제: 영웅과 성자 110
- 21장 • 도덕 행위자와 개인의 헌신: 진실성 115

3부

악덕과 악한 것의 기준

- 22장 • 시민의 권리 보호 대 사회의 분노: 범죄와 처벌 122
- 23장 • 행동의 대가, 불완전한 제도: 사형 127
- 24장 • 강제적 고통의 한계와 정당성: 고문 133
- 25장 • 인류가 당면한 전 세계적 재앙: 부패 138
- 26장 • 목적과 수단의 윤리적 책임: 테러리즘 142
- 27장 • 통제할 권리와 사회적 비난: 검열 147
- 28장 • 범죄 행위 또는 의료와 재활의 문제: 마약 151

4부 ──────

생명의 가치와 죽음의 품격

- 29장 • 권리와 지위를 되찾기 위한 투쟁: 동물 해방   158
- 30장 • 신체 기능과 정신적 능력의 유사성: 연구의 역설   163
- 31장 • 생명이 있는 존재의 삶을 끝낼 권리: 육식   168
- 32장 • 생명 존중과 생명 제한: 생명의 존엄성   173
- 33장 • 두려움과 희망, 후회의 문제: 죽음   178
- 34장 • 유전학의 혁신과 도덕, 인간의 독립성: 유전 공학   183

5부 ──────

지속 가능한 인간과 지구를 위하여

- 35장 • 무력을 통한 정치 행위: 전쟁   190
- 36장 • 무정부 체제와 자조의 원칙: 현실 정치   194
- 37장 • 정당화된 불평등과 국가의 개입: 자본주의   199
- 38장 • 지나친 동정, 사회 정의의 위선: 지구라는 구명보트   204
- 39장 • 부자와 가난한 자로 양극화된 세상: 빈곤   210
- 40장 • 학대받은 지구의 마지막 선택: 환경   216

1부

사람답게 살기 위한
최소한의 원칙

01

말한 대로, 행한 대로
황금률

황금률golden rule로 알려진 윤리적 원칙은 "남에게 대접을 받고자 하는 대로 먼저 남을 대접하라"라는 친숙한 격언으로 알 수 있습니다. '황금률'이라는 말은 18세기 이전에는 사용되지 않은 것 같지만, 기본적인 개념은 아주 오래전부터 있었습니다. 황금률은 종교적이든 세속적이든 거의 모든 윤리적 규범이나 철학 체계에서 다양한 형태로 나타납니다. 이는 우리의 가장 본능적인 도덕적 직관이나 본능에 호소하는 것으로 볼 수 있습니다.

황금률은 특히 기독교와 깊이 연관되어 있습니다. 예수의 윤리를 집약한 이 교리는 산상 수훈(「마태복음」 5~7장에 실려 있는 예수의 가르침 — 옮긴이)에 등장합니다. 이는 또한 "네 원수를 사랑하라", "네 이웃을 네 몸과 같이 사랑하라" 같은 기독교의 핵심 가르침과도 연결됩니다. 하지만 이 원칙은 유대교나 이슬람교 문헌에도 자주 등장하며, 고대 그리스·로마의 기록과 공자孔子 같은 동양 현자의 가르침에서도 다양한 형태로 언급됩니다.

황금률의 가장 큰 매력은 순수하게 보편적이라는 점입니다. 이런 특징 때문에 광범위하고 다양하게 해석되고 적용됩니다. 황금률은 특정한 취향이나 필요에 따라 상호주의, 공정성, 보편성이 지배적인 요소로 간주되어 왔습니다. 동시에 황금률의 단순성 때문에 이 원칙을 채택해도 실질적인 지침은 거의 얻을 수 없다는 비판을 받기도 했습니다.

> 남에게 대접을 받고자 하는 대로 너희도 남을 대접하라.
> 이것이 율법과 선지자니라.
>
> _ 예수, 산상 수훈, 서기 30년경

내가 도와줄게

황금률의 호소력이 강력한 한 가지 이유는 상호주의의 윤리를 지지하기 때문입니다. 거의 모든 인간 사회에서는 베푼 것에 보답하는 일을 중요하게 여기고, 이 마땅한 의무가 의례화되는 경우도 있습니다. 예를 들어 호메로스^{Homeros}의 작품 속 세계에서 미케네 문명 사람들에게 선물을 주고받는 것은, 우정과 충성의 유대감을 형성하고 더 끈끈한 사회를 만들기 위한 환대 의식의 필수 요소였습니다. 중국의 현자 공자는 인생의 길잡이가 될 한마디가 무엇인지 물어보자 이렇게 대답했습니다. "호혜^{互惠, reciprocity}라는 말이 있다. 네가 네 자신에게 하고 싶지 않은 일을 남에게 하지 말라는 뜻이다."

상호주의가 보편적인 규범이 된 이유는 쉽게 추측할 수 있습니다. 자신이 자기 등을 긁는 것은 다른 사람이 자기 등을 긁어 주는 것보다 더 어색하고 효과적이지 않으므로 호혜적으로 합의하는 것이 양쪽 모두에게 이득입니다. 물론 거래를 어기고 단기적인 이득을 추구하려는 속임수는 위험합니다. 호혜적이지 않은 사람을 사회적으로 제재해서 호혜의 윤리를 구축하는 이유는 그러한 이기적인 행동을 막기 위해서입니다. 이러한 윤리를 황금률로 요약할 수 있습니다.

> 네가 서고자 하면 남이 서도록 도와라.
> 네가 성공하고자 하면 남이 성공하도록 도와라.
>
> – 공자, 기원전 500년경

공정성과 일관성

남에게 대접을 받고자 하는 대로 남을 대접해야 한다는 생각은, 남이 원하는 것이나 관심을 갖는 것에 동등한 비중을 두어야 한다는 뜻입니다. 따라서 당신은 다른 사람들에게 공평하게 행동해야 합니다. 하지만 이는 실제로 황금률의 공식적인 요구 조건을 넘어섭니다. 황금률은 다른 사람이 받고 싶어 하는 일들을 당신에게 하라고 하지 않습니다. 대신 당신이 대접받고 싶은 대로 남을 대접하라고 요구합니다. 따라서 다른 사람은 당신과 같은 것을 원할 때만 대접받게 될 것입니다.

여기서 가장 필요한 것은 행동의 일관성이지 공평성이 아닙니다. 자신의 이익을 추구하는 이기주의자는 다른 사람에게도 그렇게 하라고 권하면서 황금률을 따르고 일관성 있게 행동합니다. 다른 사람이 자신에게 고통을 주기 바라는 자학 성애자masochist는 다른 사람이 원하든 원치 않든 그들을 고통스럽게 하면서 황금률을 따르고 일관성 있게 행동합니다.

황금률은 그 원칙 자체가 반드시 실질적인 도덕적 결론을 이끌어내는 것은 아닙니다. 황금률의 이러한 측면을 통해 우리가 위선을 불쾌하게 느끼는 이유를 알 수 있습니다. 사람들이 하는 일과 그들이 다른 사람에게 해야 한다고 권하는 일이 일치하지 않는 것, 예를 들어 '가족의 가치'를 들먹이며 정작 본인은 불륜을 저지르는 정치인처럼, 말과 행동이 일치하지 않는 사람에게는 일관성이 없기 때문에 불쾌함을 느낄 수 있습니다.

> 이 말에 모든 인간의 도덕성이 담겨 있다.
> '네가 행복해지기를 바라는 만큼 타인을 행복하게 하라.
> 그리고 네가 대접받고 싶지 않은 방식으로 타인을 대하지 말라.'
>
> 사드 후작, 프랑스 방탕주의 작가, 1782

윤리적 해독제

그렇지만 황금률은 도덕적 만병통치약이 아닙니다. 이 원칙의 바로 그 모호함 때문에 사람들은 자신이 찾는 것을 그 안에서 발견할 수 있었고, 이 원칙이 감당하지 못할 만큼 중요한 주장도 할 수 있었습니다. 황금률은 일종의 경험칙에 더 가깝지만, 그럼에도 윤리적 사고의 토대에 자리 잡고 있습니다. 적어도 이 원칙은 자신의 이익이 위태로울 때 사람들을 괴롭히는 도덕적 근시안에서 벗어나게 할 유용한 해독제입니다.

02

개인의 자유와 타인의 자유 보호
위해 원칙

1776년 미국의 독립 선언문은 모든 인간에게 평등하게 부여된 자연적이고 양도할 수 없는 세 가지 권리로 생명, 행복 추구와 함께 자유를 선포했습니다. "자유가 아니면 죽음을 달라!" 미국의 혁명가 패트릭 헨리Patrick Henry가 독립 선언문을 발표하기 1년 전에 외친 말입니다. 이후로 자유는 가장 기본적인 인권으로 널리 주장되었습니다. 자유를 얻기 위해 싸울 만큼 가치가 있고 필요하다면 사람들은 죽음도 불사했습니다. 자유를 쟁취하기 위해 벌인 수많은 투쟁을 통해 헤아릴 수 없는 자유의 가치를 알 수 있습니다.

그 신성한 지위 덕분에 자유는 어떤 식으로든 제한하거나 한정하면 안 된다고 당연하게 생각합니다. 하지만 자유에 한계는 절대로 없다거나 자유가 절대적인 것은 아니라는 사실을 깨닫는 데는 오랜 시간이 걸리지 않습니다. 영국의 역사학자 리처드 토니Richard Tawney는 "강꼬치고기(몸집이 크고 사나운 민물고기로, 다른 물고기는 물론이고 물새까지 먹어 치웁니다 — 옮긴이)의 자유는 피라미에게는 죽음이다"라고 말했습니다. 내가

욕조에서 큰 소리로 노래를 부르는 자유를 행사하면 옆집 사람의 조용한 저녁을 즐길 자유를 빼앗게 됩니다. 다른 사람의 자유를 침해하지 않으면서 자유를 온전히 누릴 수는 없습니다. 그렇다면 문제는 어떻게, 어디까지를 기준으로 삼아야 하는가입니다.

자유주의적 관점에서 이 문제에 대한 모범 답안은 '위해 원칙harm principle'을 따릅니다. 자유 원칙이라고도 하는 이 원칙에서는 개인이 다른 사람의 이익에 해를 끼치지 않는 한 자유롭게 행동할 수 있어야 한다고 규정합니다. 이 개념은 1789년 프랑스 혁명 당시 '인간의 자연적이고 불가침한 권리'를 용감하게 단언한 「인간과 시민의 권리 선언 Déclaration des droits de l'Homme et du citoyen」에 등장합니다.

> 자유는 타인을 해치지 않는 한 모든 행위를 할 수 있는 자유를 의미한다. 따라서 각자의 자연권 행사는 다른 사회 구성원에게도 동등한 권리를 보장해 주어야 하는 경우를 제외하고는 어떤 제약도 받지 않는다. 이러한 제약은 오로지 법으로만 결정할 수 있다.

이 원칙은 빅토리아 시대의 철학자 존 스튜어트 밀John Stuart Mill이 쓴 『자유론On Liberty』에 가장 잘 표현되어 있습니다.

> 문명 사회 구성원에 대해 그 의사에 반해 권력을 정당하게 행사할 수 있는 유일한 목적은 타인에게 해를 끼치는 것을 방지하기 위해

서다. 그 자신의 신체적 또는 도덕적 이익은 충분한 근거가 되지 못한다.

방해받지 않을 소극적 자유

위해 원칙을 적용해 만들어진 자유의 형태는 나중에 철학자 이사야 벌린Isaiah Berlin의 유명한 논문 「자유의 두 개념Two Concepts of Liberty」(1958)에서 '소극적 자유negative freedom'로 정의됩니다. 이러한 자유는 부재하는 것, 즉 어떠한 형태의 외부적 제약이나 강요가 없는 상태로 규정된다는 점에서 소극적입니다. 이 개념에 따르면 당신이 원하는 일을 하지 못하도록 방해하는 장애물이 없는 한 자유롭습니다.

벌린은 신성불가침하고 외부의 간섭과 권위에 영향을 받지 않는 사적인 자유의 영역, 다시 말해 개인이 '할 수 있거나, 될 수 있는 것을 하거나, 되는' 공간이 있어야 한다고 주장했습니다. 바로 이러한 공간에서 개인들은 방해받지 않고 자신의 취향과 성향을 탐닉할 수 있어야 합니다.

단, 이렇게 하는 행위가 다른 사람에게 피해를 주거나 그들이 비슷한 자유를 누리는 데 방해가 되지 않아야 한다는 것이 무엇보다 중요합니다. 따라서 위해 원칙은 자유주의의 또 다른 중요한 기둥인 관용과 밀접하게 연결되어 있습니다.

> 자유란 내 욕실에서 노래를 부를 때
> 내 이웃이 다른 노래를 부를 자유를 방해하지 않는 것이다.
>
> — 톰 스토파드, 영국 극작가, 2002

온정주의에서 폭정까지

그러나 위해 원칙에도 비판이 있습니다. 그 원칙이 현실의 불평등 속에서 진정한 자유를 보장하지 못한다는 지적입니다. 미국 시민은 누구나 (소극적인 의미에서) 자유롭게 대통령이 될 수 있습니다. 대통령이 되는 데 법적, 헌법적 장벽은 없습니다. 하지만 돈이나 사회적 지위, 교육, 이념 등 필요한 자원이 부족해 대통령이 될 수 없다면 미국 시민은 '정말로' 자유로운 것일까요? 이 경우에는 형식적으로 갖고 있는 권리를 실제로 행사할 수 있는 자유가 부족해 보입니다.

벌린은 여기서 부족한 것을 '적극적 자유 positive freedom'라고 했습니다. 이는 외부의 간섭으로부터 벗어난 자유뿐 아니라 어떤 목적을 성취하기 위한 적극적인 자유를 의미합니다. 다시 말해 개인이 잠재된 능력을 실현하고, 꿈을 이루며, 자율적으로 행동하고, 운명을 통제할 수 있는 권리입니다.

벌린을 포함해 위해 원칙을 지지하는 사람들은 근거의 일부를 그 원칙이 적용되지 않을 때 어떤 일이 벌어지는지 관찰하는 데서 찾습니다. 이때 등장하는 것이 바로 온정주의^{paternalism}입니다. 즉, 사람들이 타인의 삶에서 (자신들이 옳다고 여기는) 적극적 자유를 실현해주겠다는 생각으로 직접 나서는 경우입니다.

처음에는 매우 선한 의도에서 출발했을지도 모릅니다. 하지만 사람들은 금세 '저 사람들이 좀 더 잘 알기만 했더라면, 혹은 그들의 '더 나은 면'이 이겼거나 그들의 나쁜 면이 억눌렸더라면, 분명 올바른 길을 따랐을 것이다'라고 결론을 짓습니다.

그 다음 단계까지는 시간이 오래 걸리지 않습니다. 벌린이 씁쓸하게 지적하듯이 권력을 가진 자들은 곧 자신에게 사람들 또는 사회의 실제 의지를 무시할 권리가 있다고 믿게 됩니다. '진정한 자아$^{real\ self}$'를 위한다는 명분 아래 다른 사람들을 협박하고, 억압하고, 심지어 고문할 권리가 자신들에게 있다고 여기는 것입니다.

극단적인 경우에는 사회 개혁으로 시작되었지만 광신적인 열성으로 변질될 수 있습니다. 그렇게 되면 사회의 목표를 추구하기 위해 순응을 강요하고 그 과정에서 시민을 비인간적으로 대하는 폭정을 정당화할 수도 있습니다.

벌린의 적극적 자유에 대한 불신은 대부분 20세기의 극악무도함, 특히 독재자 이오시프 스탈린$^{Iosif\ Stalin}$ 치하에서 소련이 겪은 전체주의적인 공포 때문에 더 깊어졌습니다. 벌린은 다음과 같이 결론을 내립니다. "인간을 조종하고 인간의 의지에 반하는 패턴을 만드는 모든 형태, 인간을 통제하고 조절하는 모든 사고방식은 결국 인간이 궁극적으로 가치 있는 존재가 되는 것을 부정하는 행위다."

"
자유 그 자체를 소중히 여긴 사람들은 선택할 자유, 선택당하지 않을 자유가

인간을 인간답게 만드는 필수적이고 본질적인 요소라고 믿었다.
"

_ 이사야 벌린, 『자유에 관한 다섯 편의 에세이』, 1969

03

옳은 일의 판단 기준
목적과 수단

게슈타포 장교가 다섯 명의 아이들을 모아 놓은 다음 만약 당신이 도망간 스파이의 이름을 밝히고 그를 총으로 쏘지 않으면 이 아이들을 죽이겠다고 협박합니다. 공교롭게도 당신은 스파이의 정체는커녕 스파이가 있다는 사실조차 몰랐습니다. 하지만 당신은 그 장교가 당신의 말을 믿지 않을 것이며, 만약 당신이 모른다고 말하면 실제로 아이들을 죽일 것이라고 꽤 확신하고 있습니다. 그렇다면 당신은 진실대로 말하고 무고한 다섯 명의 아이들을 죽게 내버려 두어야 할까요? 아니면 거짓으로 스파이의 이름을 말하고 무고한 아이들을 살려야 할까요?

이와 같은 딜레마에 대한 사람들의 견해는 서로 다릅니다. 주로 도덕 이론가들은 거짓말을 하는 것이 항상 나쁘다고 생각합니다. 따라서 게슈타포 장교가 당신의 말을 믿지 않고 다섯 명의 아이들을 죽일 수 있는 상황에서도 진실을 말해야 합니다. 다른 사람들은 당신이 총을 쏘는 행위를 중요하게 생각합니다. 사람을 죽이지 않는 것이 절대적

인 의무이기 때문에 무슨 일이 있어도 총을 쏘지 말아야 합니다. 또 무고한 사람을 죽게 만드는 행위가 나쁘다고 생각합니다. 이는 너무나도 큰 대가를 치르는 일이기 때문입니다. 이처럼 다양한 접근 방식의 공통점은 모두 의무라는 개념을 우선적으로 생각한다는 것입니다. 의무란 진실을 말하는 것이 옳기 때문에 그렇게 해야 하며, 거짓말을 하는 것이 잘못된 행동이기 때문에 하지 말아야 한다는 개념입니다.

반대로, 우리의 행위와 결정 그 자체가 옳거나 그르다고 생각하지 않는 일반인을 포함한 도덕 이론가들도 있습니다. 진짜로 중요한 것은 우리가 결정한 행동으로 인해 일어날 수 있는 다양한 결과입니다. 따라서 어떤 행위가 옳고 그른지 평가하기 위해 어떤 '유형'의 행위를 했는지는 고려할 필요가 없습니다. 오히려 우리는 그 행위가 어떤 결과를 초래했는지 살펴봐야 합니다. 앞에서 이야기한 게슈타포 장교 사건에서는 하나의 행위로 인해 다섯 명의 무고한 아이들이 죽게 됩니다. 또 다른 하나의 행위로 인해 무고한 한 사람이 죽게 됩니다. 다른 조건이 동일하다면 다섯 명이 죽는 것보다는 한 명이 죽는 것이 차라리 낫기 때문에 많은 사람을 구하려면 한 사람이 희생하는 것이 옳은 일입니다.

> "목적이 수단을 정당화할 수 있다.
> 단, 그 목적을 정당화할 만한 무언가가 존재해야 한다."
> _ 레온 트로츠키, 마르크스주의 혁명가이자 이론가, 1936

목적은 수단을 정당화할까요?

이처럼 서로 다른 접근 방식을 분명히 구분하기 위한 한 가지 방법은 목적과 수단으로 나누는 것입니다. 행위의 결과가 옳고 그름을 결정한다고 생각하는 결과주의자^{consequentialist}는 행위를 단지 도구적 가치로만 판단합니다. 옳고 그름은 목적을 달성하는 과정에 얼마나 효과가 있는지를 측정하는 척도입니다. 실제로 중요한 것은 목적 그 자체입니다. 행복이나 건강 같은 상태를 예로 들 수 있습니다. 그러므로 결과주의자들은 좋은 결과와 나쁜 결과를 고려해 어떤 행위를 할지 결정할 것입니다.

이와 달리 의무를 중시하는 사람들은 행위가 단순히 목적을 이루는 데 필요한 수단이 아니라 그 자체로 옳거나 그른 것이라고 생각합니다. 또한 행위에는 바람직한 목적을 이루기 위한 도구적 가치뿐만 아니라 내재적 가치도 있습니다. 이러한 관점에서 도덕적인 문제를 바라보는 사람은, 살인은 본질적으로 잘못된 행동이고 살인을 해서 좋은 결과를 얻더라도 그 행위를 정당화할 수 없다고 생각합니다.

의무 대 결과

의무에 기초한 의무론과 결과에 기초한 결과주의로 윤리 체계를 나누는 방법은 아주 간단합니다. 먼저 서양 철학 전통의 한계 내에서도 행위의 옳고 그름의 관점으로 도덕을 판단하지 않고, 도덕적 행위자의 성격에 초점을 맞추는 접근법이 있습니다. 이는 우리가 어떠한 행위를 해야 하는지가 아니라, 어떠한 사람이 되어야 하는지에 대해 묻습니다. 이러한 접근법의 기원은 아리스토텔레스(Aristoeles)까지 거슬러 올라가며, 20세기에는 '덕 윤리(virtue ethics)'라는 모습으로 되살아났습니다 (11장 〈덕 윤리〉 참고).

지난 400년 동안 대부분의 도덕 철학자들은 우리의 행위를 이끌고 안내하는(또는 그렇게 해야 하는) 원칙과 규칙을 찾아내고 설명하는 것이 자신들의 주요 임무라고 생각했습니다. 이 과정에서 벌어진 논쟁의 주요 양극단은 의무와 결과였습니다. 한쪽은 이마누엘 칸트(Immanuel Kant)의 의무론 체계가 이끌었고, 다른 한쪽은 제러미 벤담(Jeremy Bentham)과 존 스튜어트 밀의 결과주의적 공리주의가 주도했습니다(4장 〈공리주의〉, 5장 〈칸트 윤리학〉 참고).

04

쾌락과 고통의 덧셈, 뺄셈
공리주의

⚖️

한 이식 전문 외과 의사는 환자 네 명을 두고 난처한 상황에 처합니다. 적절한 장기(간 한 개, 심장 한 개, 신장 두 개)를 기증받지 못하면 환자들은 사망합니다. 우연히 의사와 함께 일하며 연수 중인 건강한 학생이 필요한 모든 장기를 기증할 수 있는 완벽한 기증자가 됩니다. 외과 의사는 학생에게 진정제를 투여하고 장기를 제거한 뒤 이식 수술을 해서 네 명의 환자를 살립니다.

오늘날 많은 철학자는 결과주의적 근거를 기반으로 도덕을 판단해야 한다고 주장합니다. 즉 우리 행위의 옳고 그름은 행위의 결과를 고려해 결정해야 한다는 뜻입니다. 결과주의 이론 가운데 가장 영향력이 큰 공리주의utilitarianism는 좀 더 구체적으로 일반적인 행복이나 '효용utility'를 증가시키거나 감소시키는 정도에 따라 어떤 행위의 옳고 그름을 판단해야 한다고 주장합니다.

언뜻 보기에 앞서 이야기한 외과 의사의 이식 시나리오는 결과적으로 인간의 행복을 순수하게 증가시키는 것처럼 보입니다. 관련된 당사자 모두가 동일하게 삶에 만족하고 미래의 행복도 역시 비슷하다고 가정한다면, 한 명이 희생한 대가로 네 명의 소중한 삶을 지킨 것과 같습니다. 따라서 공리주의적 관점에서 외과 의사는 옳은 일을 했습니다. 하지만 대부분의 사람들은 그 의사의 행위가 도덕적으로 용납할 수 없다는 주장에 동의할 것입니다. 표면적으로 사실상 모든 사람의 직관과 반대되는 결론을 내리는 윤리 이론은 나쁜 것으로 보입니다. 그렇다면 공리주의란 정확히 어떤 것일까요?

행복 계산법

공리주의의 뿌리는 18세기 후반 급진적 철학자인 제러미 벤담으로 거슬러 올라갑니다. 그에게 효용은 오직 인간의 쾌락이나 행복에 있고, 그의 이론은 '최대 다수의 최대 행복'을 증진하는 것으로 요약됩니다. 벤담의 견해에 따르면, 공리주의의 큰 매력 중 하나는 사회의 법적 구조와 조직에 관한 정책을 수립할 때 합리적, 과학적인 기초를 제시한다는 점입니다. 이를 위해 벤담은 '행복 계산법felicific calculus'이라는 것을 제안했습니다. 어떤 행동 때문에 발생하는 쾌락과 고통의 양을 이 계산법으로 측정하고 비교할 수 있습니다. 특정 상황에서 덧셈과 뺄셈의 단순한 계산 과정으로 옳은 행동이 무엇인지 결정할 수도 있습니다. 이를 비판하는 사람들은 벤담이 제시한 도덕 개념의 범위가 얼마나 좁은지 지적했습니다. 벤담은 인생에서 쾌락보다 더 높은 목적은 없다고 가정함으로써 지식, 사랑, 명예, 성취, 삶 자체처럼 보통 본질적으로 가치 있다고 여기는 모든 것을 계산에서 제외했습니다. 동료 공리주의자인 밀은 '돼지에게만 어울리는 교리'라고 했습니다.

밀은 이러한 비판을 듣고 고민한 끝에 공리주의를 수정하려고 했습니다. 벤담은 쾌락을 측정하는 데 지속 시간과 강도라는 두 가지 변수만 허용한 반면, 밀은 세 번째 변수를 도입해 '높은 수준의 쾌락과 낮은 수준의 쾌락'이라는 위계를 만들었습니다. 이 구분에 따르면 지성이나 예술 같은 쾌락은 본질적으로 육체적인 쾌락보다 더 가치가 있습니다. 그리고 쾌락의 수준을 계산할 때 정신적 쾌락에 더 큰 비중을 둠으로써 밀은 "배부른 돼지보다 배고픈 인간이 더 낫고, 만족한 바보보다 불만족한 소크라테스가 낫다"는 결론을 내렸습니다.

> "자연은 인간이 두 주권자, 즉 고통과 쾌락의 통치를 받게 했으니
> 오직 그들만이 우리가 무엇을 해야 할지 알려준다."
>
> _제러미 벤담, 『도덕과 입법의 원리』 서문, 1789

쾌락의 기준과 대가

밀은 복잡한 쾌락의 개념을 도입하면서 어느 정도 대가를 치러야 했습니다. 그가 제시한 다양한 쾌락을 구분하려면 다른 기준이 필요할 것

입니다. 만약 쾌락을 제외한 요소가 밀의 효용 개념을 구성한다면, 그의 이론이 엄밀하게 공리주의라고 말할 수 있는지 의문스럽습니다.

이식 전문 외과 의사의 행위와 관련해 좀더 직관적인 답변을 얻으려면 몇 가지 특별한 변론도 필요합니다. 고전적인 공리주의자^utilitarian는 네 명의 환자를 구하기 위해 한 명을 희생시키면 사실상 효용이 감소한다고 주장할 수도 있습니다. 의사가 습관적으로 그렇게 행동함으로써 환자와의 신뢰가 약해지면 장기적으로 얻는 것보다는 잃는 것이 많습니다. 하지만 결국 공리주의자들은 이처럼 나쁜 일이 절대로 일어나지 않고 실제로 효용이 증가한다면, 외과 의사는 계속 학생의 장기를 적출해야 하는 상황을 받아들이고 인정해야 합니다.

행위와 규칙의 공리주의

공리주의적인 기준이 행위에 적용되는 방식에 관한 벤담과 밀의 이론이 심각하게 분열하면서 이러한 문제가 나타납니다. '행위' 공리주의자들은 각 행위가 효용에 어떻게 기여했는지 직접 평가해야 한다고 주장합니다. 반면, '규칙' 공리주의자들은 효용을 증가시킬 수 있는 다양한 규칙을 참고해 적절한 행동 방침을 결정합니다. 예를 들어 무고한 사람을 죽이는 것은 단기적으로는 유익한 결과를 가져오더라도 효용을 감소시키므로 잘못된 행위라고 판단합니다.

이러한 방식으로 규칙을 적용하면 공리주의가 현실적이지 않다는 반론에 대응하는 데 도움이 됩니다. 만약 어떤 일을 하기 전에 모든 행동 방침의 효용을 평가해야 한다면 우리는 결국 아무 일도 하지 못할 것이고, 이는 대체로 옳은 일이 아닙니다. 하지만 일반적인 안녕을 증진하기 위해 잘 알려진 원칙을 적용한다면 우리는 대부분 올바른 일을 할 것입니다. 예를 들어 거짓말을 하거나 물건을 훔치면 전체적인 효용을 감소시킵니다. 그러므로 거짓말을 하거나 물건을 훔치면 안 된다는 사실은 경험을 통해 알 수 있습니다.

이런 경우 규칙은 유용할 것 같지만, 만약 규칙을 어기는 것이 전반적인 안녕을 분명히 증진시킨다면 어떻게 해야 할까요? 예를 들어 선의의 거짓말을 해서 무고한 생명을 구할 수 있다면 어떻게 해야 할까요? 이때는 규칙 공리주의자들이 사용할 만한 매력적인 선택지는 없습니다. 외과 의사는 거짓말을 하고 의도적으로 나쁜 결과를 초래할 수도 있습니다. 규칙을 어기고 규칙 공리주의자로서 자신의 지위를 약화시킬 수도 있습니다. 그렇다면 규칙을 수정하는 것이 유일한 방법 같지만, 특정 상황에 맞춰 조정하는 규칙은 사실상 규칙이 아닙니다. 규칙은 점점 더 복잡해지고 변수들도 많아지면 결국 규칙 기반 시스템이 행위 기반 시스템으로 붕괴되는 지점에까지 이를 것입니다.

공리주의는 여전히 매우 영향력 있는 윤리학의 방법론이고, 많은 철학자들이 계속 맞지 않는 부분을 매끄럽게 다듬으려고 합니다. 그럼에도 적절하지 않은 부분은 여전히 남아 있고, 많은 비판자들은 공리주의의 모험이 시작부터 잘못된 것이라고 주장합니다.

05

예외를 인정하지 않는 순수한 의무
칸트 윤리학

당신은 지금 억압적인 정권이 처형하겠다고 벼르고 있는 반체제 인사를 보호하고 있습니다. 비밀경찰이 현관 문을 두드리며 그 반체제 인사가 어디 있는지 묻습니다. 당신이 비밀경찰에게 사실대로 말하면 그 인사는 체포되어 총살당할 것이 분명합니다. 당신은 어떻게 해야 할까요? 진실을 말해야 할까요, 거짓을 말해야 할까요?

물어볼 가치도 없는 질문 같습니다. 물론 당신은 진실을 말했을 때 일어날 끔찍한 결과를 생각한다면 선의의 거짓말을 해야 한다고 생각할 것입니다. 하지만 모든 도덕 이론가들에게는, 적어도 지난 300년 동안 가장 영향력 있는 18세기 독일의 철학자 이마누엘 칸트에게는 그다지 간단한 문제가 아니었습니다. 칸트는 진실을 말하는 것이 절대적이고 무조건적인 의무라고 보았습니다. 거짓말은 그가 '정언 명령categorical imperative'이라고 부르는 도덕의 기본 원칙에 위배됩니다.

가언 명령과 정언 명령

칸트는 먼저 어떤 목적을 달성하기 위한 수단으로서 따라야 하는 비도덕적인 명령인 '가언 명령hypothetical imperative'과 비교해 정언 명령이 무엇인지 설명합니다. 내가 당신에게 "담배를 끊어"라고 명령함으로써 당신이 무엇을 해야 하는지 말한다고 가정해 봅시다. 암묵적으로 이 명령에는 내가 조건들을 붙일 수 있습니다. 예를 들면 "건강을 해치고 싶지 않다면", "돈을 낭비하고 싶지 않다면" 등입니다. 물론 당신이 건강이나 돈에 신경을 쓰지 않는다면 이 명령은 중요하지 않으므로 따를 필요가 없습니다.

반대로 정언 명령에는 암묵적이든 아니든 '만약에'가 붙지 않습니다. "거짓말하지 말라!"와 "사람을 죽이지 말라!"는 어떤 목적이나 욕구를 가정하지 않은 명령입니다. 이 명령은 의무 사항이므로 모든 사람이 예외 없이 무조건 따라야 합니다. 실제로 칸트는 순수하게 의무감에서 비롯된 행위만이 도덕적으로 가치가 있다고 말합니다. 예를 들어 친구를 돕거나 특정한 목표를 달성하려는 욕구처럼 외적 동기로 인해 이루어지는 행위는 전혀 도덕적인 것이 아닙니다. 가언 명령과 달리 정언 명령은 도덕 법칙을 구성합니다.

보편적 법칙 테스트

칸트는 인간의 모든 행위 이면에는 근본적인 행동 규칙인 격률maxim이 있다고 믿습니다. 이러한 격률은 정언 명령의 형태를 취할 수 있습니다. 그러나 그 자체로 정언 명령의 최고 형태인 보편성 테스트를 통과하지 못하면 도덕 법칙의 자격을 얻지 못합니다.

> 당신의 행위가 보편적인 법칙이 될 수 있는 격률에 따라서만 행동하라.

이 테스트에서는 자신과 다른 사람에게 일관되고 보편적으로 적용할 수 있는 규칙과 일치하는 행위만 도덕적으로 허용되는지 확인합니다. 예를 들어 거짓말이 보편적인 법칙에 부합하는지 검증하기 위해 "기분에 따라 거짓말을 하라"라는 격률이 있다고 가정해 봅시다. 이 원칙이 보편화되면 어떤 일이 벌어질까요? 사람들이 일반적으로 진실을 말한다고 기대하는 상황에서만 거짓말을 할 수 있습니다. 그러나 모든 사람이 항상 거짓말을 하고 있다면 아무도 다른 사람을 믿지 않을 것이고 거짓말을 하는 일이 불가능해질 것입니다. 따라서 거짓말을 하는 것이 보편적인 법칙이라는 발상 자체는 모순되고 스스로를 무력화합니다. 마찬가지로 도둑질하는 것은 사유 재산 문화를 전제로 하지만, 만약 모든 사람이 도둑질을 한다면 재산이라는 개념 자체가 붕괴될 것입니다. 약속을 어기는 것도 일반적으로 약속을 지키는 사회적 관습을 전제로 합니다. 그 밖에도 많은 예가 있습니다.

보편성이라는 요건은 논리적 근거에 따라 특정 행위를 배제합니다. 하지만 보편화할 수는 있지만 도덕적인 것으로 받아들이고 싶지 않은 다른 행위들도 많습니다. "항상 자신의 이익을 돌보라", "약속이라는 관습을 해치지 않는다면 약속을 어겨도 된다" 등은 보편적인 법칙이 되어야 한다는 의지에 모순되거나 비합리적인 부분은 없는 것 같습니다. 그렇다면 칸트는 이러한 위험성을 어떻게 피할까요?

> 마음에서 끝없이 경탄하고 경외하게 만드는 두 가지가 있다.
> 그것들을 오래 바라보고 자주 성찰할수록 그 감동은 더욱 깊어진다.
> 하나는 머리 위로 펼쳐진 별이 빛나는 하늘,
> 다른 하나는 내 안에 울려 퍼지는 도덕의 법칙이다.
>
> – 이마누엘 칸트, 『실천이성비판』, 1788

순수 이성과 자율성

칸트 윤리 체계의 천재성은, 정언 명령이 부여하는 전적으로 합리적인 구조에서 실제 도덕적 내용으로 이동하는 방식에서 드러납니다. 즉 성향이나 욕망이 제거된 '순수 이성$^{pure\ reason}$'이 어떻게 도덕적 행위자의 의지를 알리고 지시할 수 있는지 설명합니다. 바로 도덕적 행위자 자신에게 내재된 가치, '단일한 최고의 도덕 원칙'에 기초한 가치를 통해서입니다. 달리 말하면 스스로에게 부여된 법칙을 준수하려는 의지의 자유 또는 자율성^{autonomy}입니다. 자율적이고 자유 의지가 있는 행위자에게 부여된 가장 중요한 요소는 정언 명령의 두 번째 공식에 반영되어 있습니다.

> 자기 자신에게든 다른 사람에게든 항상 인간을 수단이 아닌 목적으로 여기며 행동하라.

도덕적 행위자라는 자신의 가치가 무엇과도 비교할 수 없다는 점을 인정한다면, 다른 행위자에 대한 존중으로 그 범위를 확장해야 합니다. 다른 사람이 자신의 이익을 늘리는 수단이라고 여기면 다른 행위자의 주체성을 파괴하는 것입니다. 따라서 이기적이거나 다른 사람에게 해를 끼치는 격률은 정언 명령의 공식에 어긋나므로 도덕적인 법칙의 자격이 없습니다. 이러한 개념에는 본질적으로 인간에게 부여된 기본권은 무시할 수 없으며, 따라서 무슨 일이 있어도 지켜야 한다는 인식이 존재합니다.

06

상식과 의무의 충돌과 균형
조건부 의무

상식적으로 생각해도 옳은 일을 한다는 것은 단순히 행복(또는 선)을 극대화하는 것 이상의 의미를 지닙니다. 어떤 일들은 그저 그것이 '옳기 때문'에 행해야 한다는 의무라는 지위가 반드시 필요합니다. 그러나 칸트가 주장한 무조건적 의무, 어떠한 상황에서도 지켜야 하는 절대적 명령은 지나치게 엄격해 보입니다. 우리의 삶은 온갖 도덕적 타협과 딜레마로 가득 차 있으며, 수많은 요구가 서로 충돌하고 얽히면서 동시에 다른 방향으로 우리를 끌어당기기 때문입니다.

만약 비밀경찰이 우리 집에 있는 손님을 총살하기 위해 현관문을 두드린다면(5장 〈칸트 윤리학〉 참고), 나는 당연히 그 손님의 행방을 모른다고 거짓말을 해야 합니다. 이런 경우 칸트의 절대주의는 미친 이론처럼 보입니다. 하지만 이러한 거짓말을 정당화하는 것은, 공리주의자가 생각하는 것처럼 내가 그렇게 행동하면 인간의 행복 또는 선에 순이익이 되기 때문은 아닙니다. 그럴 수도 있고 아닐 수도 있습니다. 이

문제에서 분명한 사실은 진실을 말하는 의무보다 개인을 보호하는 의무가 더 중요하다는 것입니다.

조건부 의무

스코틀랜드의 철학자 윌리엄 데이비드 로스 William David Ross가 20세기 전반에 제시한 도덕관의 큰 매력 가운데 하나는 상식과 쉽게 부합한다는 점입니다. 그의 도덕관은 주어진 상황에서 어떤 행위가 옳은지 결정하고 그 일을 하기 위한 인간의 끊임없는 투쟁을 반영합니다. 로스는 많은 도덕적 의무들이 서로 충돌한다는 점을 인정합니다.

로스의 견해에 따르면, 수많은 의무가 있지만 그 의무에 절대적인 구속력이 있는 것은 아닙니다. 어떻게 행동해야 하는지 생각할 때, 상충하는 주장들을 저울질하고 상황에 맞게 결정하는 것이 도덕 행위자로서 우리의 임무입니다. 그는 이러한 의무를 라틴어로 '첫눈에 보기에는'을 뜻하는 '프리마 파시 prima facie'라고 부릅니다. 이는 진정한 의무가 아니어서가 아니라, 특정한 상황에서는 우선순위가 높은 의무를 지키기 위해 무시될 수 있기 때문입니다. 로스는 이 목록이 완전하지 않다는 점을 강조하면서 '조건부(프리마 파시)' 의무 일곱 가지를 제시합니다.

1. 성실: 정직할 의무(진실을 말하고 약속을 지킬 의무)
2. 보상: 과거의 부당한 행위에 대해 보상할 의무

3. 감사: 다른 사람이 베푼 도움에 감사할 의무
4. 정의: 공정할 의무(부당한 재화 분배에 저항할 의무)
5. 선행: 불우한 이웃을 도울 의무
6. 자기 계발: 자신의 덕이나 지성 등을 개선할 의무
7. 무해성: 다른 사람에게 해를 끼치지 않을 의무

의무의 균형

로스는 실제 의무, 즉 특정 상황에서 실제로 해야 할 옳은 일을 결정하기 위해, 도덕적 성찰을 통해 상충하는 조건부 의무를 평가할 수 있는 방법을 여러 가지 사례를 들어 제시합니다. 그는 성실(약속 지키기)과 선행(어려움에 처한 사람 돕기) 사이에서 갈등이 일어날 경우를 가정하며 다음과 같이 적었습니다.

> 약속을 지켜야 하는 의무 외에도 어려움에 처한 사람을 도울 의무가 있다. … 전자를 하지 않는 대가로 후자를 하는 것이 옳다고 생각한다면, 그 이유는 그렇게 하면 내가 좋은 것을 더 많이 만들어 낼 것이라고 생각하기 때문이 아니라, 그 상황에서 그것이 더 중요한 의무라고 생각하기 때문이다.

여기서 로스는 오직 공리주의적 근거로 판단하면 안 된다는 점을

분명히 합니다. 즉 더 많은 행복이나 선을 이루는 행동을 선택하는 방식으로 판단하면 안 된다는 것입니다. 그는 최상의 결과를 얻어 내는 것이 조건부 의무일 수 있지만, 그것은 당연히 많은 의무 가운데 하나이며 반드시 가장 중요한 의무는 아니라는 점을 인정합니다.

실제로 로스는 다른 측면에서는 명백히 반反공리주의자입니다. 그는 A라는 사람과 약속을 지키는 것이, 약속을 지키지 않는 B라는 사람에게 다른 행동을 하는 것보다 좋지 않은 결과를 가져오는 상황을 가정합니다. 그는 다른 조건이 동일하다면 약속을 지키는 것이 우리의 의무라고 판단해 공리주의적으로 대응하는 것을 거부합니다. 하지만 이는 정도의 문제이므로 각 사례는 상황에 따라 장점을 고려해 판단해야 합니다. 그 이유는 만약 약속을 어기는 것이 A와 B에게 '전체 결과에서 아주 큰 가치의 차이'를 가져온다면, 다른 조건이 동일한 경우 약속을 지키지 않는 것이 정당하다고 생각하기 때문입니다. 로스는 확실히 공리주의자도 아니고 절대주의자도 아닙니다.

> 그 어떠한 행위에도 옳음이나 그름과 관련된 여러 측면이 존재한다.
>
> _ 윌리엄 데이비드 로스 경, 『옳음과 선함』, 1930

의무의 우선순위, 직관의 오류

우선순위를 놓고 상충하는 의무들에 관해 로스가 제시하는 그림은, 도덕적 결정에 이르는 과정에 대한 공통된 관점을 반영하는 것으로 보입니다. 하지만 로스는 자기 이론의 핵심인 조건부 의무를 어디서 어떻게 이끌어 낼까요?

로스는 '사려 깊고 교육을 잘 받은 사람들의 신념'이 '윤리의 정보'를 제공한다고 믿습니다. 조건부 의무는 사리사욕이나 잘못된 도덕 교육 때문에 왜곡되지 않은 마음으로 명확하고 침착하게 성찰하는 사람들에게는 자명한 것이라고 생각합니다. 다시 말해 우리는 이러한 도덕적 진리를 직관적으로 파악하며, 그 자체를 넘어서는 증거를 요구하지도 인정하지도 않습니다.

문제를 증명할 수 없다는 사실은 옳고 그름을 보여줄 수 없다는 뜻입니다. 로스에게 자명해 보이는 것이 다른 사람들에게도 그렇게 보일 것이라고 결코 확신할 수는 없습니다. 실제로 다른 이론가들이 자명하다고 생각하는 것이 로스의 이론과 일치하지 않는 경우가 있습니다. 이를 통해 그러한 주장을 회의적으로 받아들이는 일이 정당하다는 것을 알 수 있습니다. 특정 상황에서 어떤 의무가 다른 의무보다 덜 시급하다는 것을 언제 어떻게 알 수 있는지 설명하려는 로스의 시도에 대해서는 직관의 오류와 비슷하다고 우려하게 됩니다.

로스가 도덕적 숙고의 결과에 대해 근거가 있다는 믿음을 주지 못하며, 도덕적 숙고가 이루어지는 과정만 그럴듯하게 설명하고 있다는 의혹이 남아 있습니다.

07

좋은 의도와 나쁜 결과의 도덕
이중 효과

"하늘이 무너져도 정의는 실현되어야 한다." 절대주의적 도덕론에서는 결과야 어떻든 '항상 잘못된 행동이 있다고 주장합니다. 예를 들어 무고한 사람을 고의로 죽이는 것은 그 자체로 잘못된 행동이며 어떤 상황에서도 정당화될 수 없습니다. 칸트 윤리학은 이러한 관점이며, 절대적 도덕 규범이 오류 없는 신의 말씀을 기반으로 한다고 믿는 다양한 종교적 도덕관도 마찬가지입니다.

절대주의의 심각한 문제는 상식적으로는 절대주의의 경직된 명령을 무시해야 하는 상황들이 꽤 많다는 것입니다. 만약 '하늘이 무너지는 것'을 막는 유일한 방법, 비유적으로는 수백만 명의 죄 없는 생명을 잃는 것을 막는 유일한 방법이 있다면 그 방법이 옳다고 말할 수 있지 않을까요? 만약 산모와 아기가 둘 다 죽게 생겼다면 산모의 생명을 구하기 위해 태아의 생명을 포기하는 것이 정말 잘못된 일일까요? 군인이 동료를 구하기 위해 일부러 수류탄에 몸을 던져 스스로 목숨을 끊는

것이 정말 잘못된 일일까요?

   절대주의를 주장하는 사람들은 이러한 행동이 잘못되었다고 말하거나, 자신들의 도덕적 관점과 일치하는 해석 방식을 찾아야 합니다. 역사적으로 특히 가톨릭에서 이와 관련해 가장 중요한 접근법이 바로 이중 효과(double effect)의 교리(원리)였습니다. 이 교리는 어떤 행위의 좋은 결과와 나쁜 결과, 즉 '이중 효과' 사이에서 도덕적으로 중요한 차이점을 이끌어 내려 합니다. 이 교리에 따르면 행위자에게 좋은 결과를 가져오려는 의도가 있다면 나쁜 결과가 일어날 수도 있다고 예상되는 행위는 도덕적으로 허용됩니다. 다시 말해 나쁜 결과가 나타날 수 있다는 것을 아는 상태에서 행하는 좋은 행위는 용납될 수 있습니다. 그러나 좋은 결과를 얻기 위한 수단으로 행하는 나쁜 행위는 항상 잘못된 것입니다.

의도와 결과

다음과 같은 사례를 통해 이중 효과의 원리가 어떻게 작동하는지 살펴봅시다.

> 브레이크가 고장 난 트램이 달리고 있는데, 선로에서 인부 다섯 명이 일하고 있습니다. 당신 옆에 있는 레버를 당기면 트램의 방향을 바꿔 옆 선로로 이동시킬 수 있습니다. 하지만 안타깝게도 옆 선로

에도 인부 한 명이 있습니다. 레버를 당기지 않으면 다섯 명이 죽게 되고, 레버를 당기면 트램이 방향을 바꿔 다섯 명을 구하지만 옆 선로에 있는 한 명은 죽게 됩니다. 당신은 어떻게 하겠습니까?

대부분의 사람들은 이 상황에서 레버를 당겨야 한다고 생각합니다. 고전적인 공리주의자들은 이러한 직관에 동의할 것입니다. 다른 조건들이 동일할 때, 다섯 명을 구하기 위해 한 명을 희생하면 효용(행복)의 순이익을 얻을 수 있습니다. 로스의 '조건부 의무'라는 온건한 윤리학(6장 〈조건부 의무〉 참고)도 대중적인 견해와 일치할 수 있습니다. 로스는 다른 사람에게 피해를 주지 않아야 할 강력한 의무와 다른 사람을 도와야 할 덜 시급한 의무를 인정하지만, 그 의무들이 절대적인 것은 아닙니다. 이 경우에 더 강력한 의무를 무시하는 것을 정당화할 만큼 충분한 이점이 있을까요? 이는 신중하게 도덕적으로 성찰해야 할 문제지만 적어도 열린 질문입니다. 여기서는 일반적인 직관과 어긋나는 것처럼 보이는 사람은 절대주의자뿐입니다. 살인이 언제나 잘못된 행위라면 옆 선로에 있는 사람을 죽이는 것도 잘못된 행위입니다. 이상, 끝.

바로 여기서 이중 효과의 원리를 적용합니다. 절대주의자의 주장에 따르면 선로에 있는 다섯 명을 구하는 것은 당신의 '의도'입니다. 이 훌륭한 목표를 실현하는 과정에서 당신은 안타깝게도 옆 선로에 있는 불행한 사람이 죽을 것이라고 예상합니다. 이 죽음은 당신의 의도가 아닙니다. 다시 말해 의도하지는 않았지만 예상할 수는 있습니다. 따라서 이러한 문제의 행동은 도덕적으로 허용됩니다.

의도된 해악

이중 효과의 원리가 이끌어 내는 차이를 확인하려면 시나리오를 약간 수정해야 합니다.

> 앞에서 살펴본 사례와 마찬가지로 트램은 브레이크가 망가진 상태로 선로에서 일하고 있는 인부 다섯 명을 향해 가고 있습니다. 그런데 이번에는 당신이 선로 위의 육교에서 이 상황을 지켜보고 있습니다. 당신 옆에는 덩치가 아주 큰 사람이 있습니다. 당신이 이 사람을 육교 아래로 밀면 그의 육중한 몸이 트램을 막아 인부 다섯 명에게 도달하지 못하게 할 수 있습니다. 만약 아무것도 하지 않으면 인부 다섯 명은 트램에 치여 죽게 됩니다. 뚱뚱한 남자를 육교에서 밀어 떨어뜨리면 그는 죽지만 다섯 명은 살아남을 것입니다. 당신은 어떻게 하겠습니까?

엄격한 공리주의적 관점에서 볼 때 답은 늘 같습니다. 즉 다섯 명을 구하기 위해 한 명이 목숨을 잃는 것은 이득의 균형이 변하지 않기 때문에 당신은 역시 뚱뚱한 사람을 밀어 떨어뜨려야 합니다. 하지만 여기서 일반적인 직관은 뒤집힙니다. 대부분의 사람들은 이러한 상황에서 누군가를 고의로 죽이는 것은 잘못된 행위라고 직감합니다. 그리고 이중 효과의 원리를 적용해서 설명할 수 있습니다. 이 경우 뚱뚱한 사람은 실제로 죽어야 합니다. 그에게 가한 해악은 단순히 예상된 것이 아니라 다른 사람들을 구하기 위한 수단으로 의도된 것입니다. 따라서 그 행동은 이중 효과의 원리에 따르면 도덕적으로 허용될 수 없습니다.

생명이 걸린 이중 효과

현실에서 이중 효과의 원리는 의료 윤리 분야에서 가장 두드러지게 나타납니다. 자궁암의 일반적인 치료법은 자궁을 제거하는 것(자궁 절제술)이고, 임신부라면 이 과정에서 태아가 사망할 수 있습니다. 태아의 죽음은 임신부의 생명을 구하려는 훌륭한 의도에 따른 원치 않는 부작용이므로, 이중 효과의 원리에 따라 태아의 죽음이 허용됩니다. 반면, 태아의 두개골을 절개하는 개두술은 금지되어 있습니다. 이 경우 태아를 죽이는 것이 임신부의 생명을 구하는 직접적인 수단이기 때문입니다.

불치병 환자를 치료하기 위해 의사가 강력한 진통제를 처방하는 상황도 자주 인용되는 사례입니다. 이러한 약물 때문에 환자의 수명이 단축된다는 점을 예상할 수 있지만, 통증을 완화하기 위해 투여한다면 도덕적으로 허용된다고 봅니다. 하지만 생명을 단축시켜 고통을 줄이는 방법으로 약물을 사용하는 것은 허용되지 않습니다.

의도와 예상의 구분

이처럼 실생활의 사례에서 알 수 있듯이 이중 효과의 원리가 직면한 핵심 문제는 '의도'와 '예상'을 확실하게 구분하는 것입니다. 특히 윤리적 문제는 항상 그 문제에 대한 기존의 편견을 수용하는 방식으로 특성화될 수 있다는 우려가 있습니다. 예를 들어 낙태를 지지하는 사람들은 '자궁 절제술'이라고 표현하지만, 낙태를 반대하는 사람들은 '낙태'라고 표현합니다. 양측은 논쟁은 더 이상 진전되지 않고 출발점으로 되돌아갈 것입니다. 이중 효과의 원리가 이처럼 의미론적 수준으로 축소되면 실제 도덕적 실체에 대한 통찰을 제공할 수 없게 됩니다.

08

하지 않은 행위에 대한 책임
행위와 무위

'어떤 일을 하는 것'과 '어떤 일이 일어나도록 허용하는 것' 사이에는 도덕적으로 상당한 차이가 있다는 것이 일반적인 견해입니다. 예를 들어 누군가의 머리 위로 나무가 쓰러지는 것을 보고도 그에게 경고하지 않는 것은 나쁜 일입니다. 하지만 의도적으로 나무를 잘라서 같은 결과를 일으키면 이는 윤리적으로나 법적으로 훨씬 더 나쁜 일이라고 생각합니다. 이러한 구분이 '행위와 무위 acts and omissions의 원리'의 기초가 됩니다.

'어떤 일을 하는 것'과 '어떤 일이 일어나도록 허용하는 것' 사이에 중요한 도덕적 차이가 있다는 생각은, 엄격하고 무조건적인 의무를 기초로 하는 윤리학에서 '이중 효과의 원리'와 유사한 목적을 수행합니다(7장 〈이중 효과〉 참고).

이중 효과의 개념을 받아들이는 절대주의자 absolutist(종교적 절대주의자든 다른 절대주의자든)는, 의도하지 않은 부작용으로 무고한 죽음이 초래되는 행위를 의도적인 살인과 같은 방식으로 금지하는 것은 아니라고 말합니다. 비슷한 맥락에서 행위와 무위의 원리를 지지하는 사람은, 사람을 죽게 내버려 두는 것은 고의로 사람을 죽이는 것처럼 도덕적으로 절대적인 금지 행위는 아니라고 주장합니다. 따라서 예를 들어 환자를 죽이기 위해 약물을 투여하는 적극적인 안락사는 금지하는 반면, 환자를 살리기 위한 치료를 보류하는 소극적인 안락사는 허용합니다. 그렇다면 이러한 행위들을 도덕적으로 어떻게 철저하게 구분할 수 있을까요?

적극적 의무와 소극적 의무

X를 하는 것과 X가 일어나도록 허용하는 것과는 반대로, X가 일어나는 것을 막는 행위는 자신이 할 수 있고 합리적으로 예상할 수 있는 일이어야 합니다. 도덕적 비난의 정도는 이처럼 기대되는 의무의 종류에 따라 달라집니다. 이를 바탕으로 영국의 철학자 필리파 풋^{Philippa Foot}은 로스가 제시한 '조건부 의무'를 반영하는 권리와 의무의 관점에서 행위와 무위를 구분하는 방식을 분석합니다(6장 〈조건부 의무〉 참고).

로스의 견해와 마찬가지로 풋은 도덕적 판단에 이르는 과정에서 비교해 봐야 하는 상충하는 의무들이 있다고 생각합니다. 풋은 혜택을 받아야 하는 약하고 적극적인 권리와 피해를 받지 않아야 하는 강하고 소극적인 권리가 모든 사람에게 있다고 말합니다. 이러한 권리들에 상응하는 의무들로는, 혜택을 베풀어야 하는 약하고 적극적인 의무와 피해를 주지 말아야 하는 강하고 소극적인 의무가 있습니다. 이에 따르면, 남에게 피해를 끼치는 것은 해를 입지 않아야 하는 누군가의 소극적인 권리를 침해하는 것입니다. 피해를 허용하는 것은 혜택을 받아야 하거나 피해로부터 구제받아야 하는 누군가의 적극적인 권리를 침해하는 것입니다.

풋은 소극적 의무와 적극적 의무의 충돌이 우리의 서로 다른 직관을 설명할 수 있는 두 가지 의료 상황을 상상합니다. 의사에게 희귀한 약이 있습니다. 이 약으로 많은 약이 필요한 한 명의 환자를 구하거나, 적은 약이 필요한 다섯 명의 환자를 구할 수 있다고 가정해 봅시다. 이 경우는 한 명을 돕는 적극적인 의무를, 다섯 명을 돕는 비슷한 의무와 비교하는 문제입니다. 다른 조건이 같다면 대부분의 사람들이 판단하듯 가능한 한 많은 생명을 구해 가능한 한 많은 선을 행하는 것이 옳습니다. 하지만 만약 같은 결과를 가져오는 수단이 한 명을 죽여서 그의 장기를 다섯 명의 환자에게 이식하는 것이었다면 그 행위는 옳지 않습니다. 이 경우는 한 명에게 해를 주지 말아야 하는 소극적 의무가 다섯 명에게 도움을 주는 적극적 의무보다 더 중요합니다.

사촌 살해

'어떤 일이 일어나도록 허용하는 것'이 '어떤 일을 하는 것'만큼 도덕적으로 책임이 있는 상황이 있을까요? 미국의 철학자 제임스 레이첼스

James Rachels는 다음과 같은 두 가지 상황을 고려해야 한다면서 자신의 주장을 내세웁니다.

> (A) 스미스는 자신의 어린 사촌이 죽으면 막대한 유산을 받습니다. 어느 날 저녁, 어린 사촌이 욕실에서 목욕을 하고 있을 때 스미스는 몰래 들어가 아이를 욕조물에 빠뜨려 죽입니다.
>
> (B) 존스도 자기 사촌이 죽으면 이득을 얻습니다. 사촌을 욕조물에 빠뜨려 죽이려고 욕실로 몰래 들어가는데, 그때 아이가 스스로 미끄러져 욕조에 머리를 부딪치고 욕조물에 얼굴을 박습니다. 존스는 아이를 욕조에 밀어 넣을 준비를 하고 있었지만 이제 그럴 필요가 없습니다. 존스가 아무것도 하지 않고 지켜보는 가운데 아이는 익사합니다.

스미스는 어린 사촌에게 적극적으로 피해를 입혔으므로 피해를 받지 않을 소극적인 권리를 침해했습니다. 반면 존스는 '단지' 피해를 입도록 허용해 어린 사촌이 혜택을 받을 적극적인 권리를 침해합니다. 풋의 분석에 따르면 우리는 스미스의 행동이 존스의 행동보다 더 나쁘다고 생각해야 합니다. 하지만 레이첼스의 견해는 그렇지 않습니다. 둘 다 똑같이 잘못이라는 것입니다.

안내자가 아닌 안내자

레이첼스는 이러한 사례들이 다른 사람에게 피해를 입히는 것과 다른 사람이 피해를 입도록 허용하는 것 사이에는 도덕적으로 유의미한 차이가 없다는 사실을 보여 준다고 생각합니다. 물론 그가 자신의 주장을 충분히 증명했는지에 대해서는 의문이 남습니다. 그가 제시한 사례로는 단지 허용하는 것이 행하는 것만큼 나쁠 수 있다는 점만 설명되기 때문입니다. 그럼에도 레이첼스가 제시한 사례가 행위와 무위의 원리에서 벗어난 예외라는 점에 동의한다면, 바로 이 사실로 인해 그 원리가 심각하게 손상됩니다. 만약 원리에서 예외를 허용한다면 그 원리가 적용되는 모든 사례를 조사해 예외가 없는지 알아내야 합니다. 그러한 원리는 결코 원리로 인정할 수 없고, 도덕적 지침을 제공하는 데 아무런 도움이 되지 않습니다.

09

우연히 결정된 불행과 자유의 책임
도덕적 행운

⚖️

피비와 밀리 자매는 둘 다 무책임한 남편들을 죽이기로 결심합니다. 늦은 밤 몰래 집으로 돌아온 피비는 식탁에 있던 칼을 집어 들고 살금살금 침실로 들어가, 코를 골며 자는 남편의 가슴에 칼을 꽂습니다. 같은 시각, 몰래 집으로 돌아온 밀리도 식탁에 있던 칼을 집어 들고 위층으로 살금살금 올라가 코를 골며 자는 남편의 가슴을 찌릅니다. 하지만 아들의 장난감 칼이 남편의 가슴에 부딪치면서 망가지고 맙니다.

두 자매의 행위에 대한 법의 관점은 아주 다릅니다. 피비는 살인을 저질렀고, 만약 붙잡혀 유죄 판결을 받으면 남은 인생 대부분을 감옥에서 보내게 될 것입니다. 반면, 밀리는 최악의 경우 그녀의 서툰 시도를 심각하게 인정하더라도 살인 미수 혐의로 기소될 것입니다. 어쨌든 밀리의 행위는 덜 심각한 범죄이므로 그에 따라 받게 될 처벌도 덜 가혹할 것입니다.

이처럼 법은 범죄의 심각성을 평가할 때 분명히 행위의 결과에 주목합니다. 성공한 살인범은 능력이 떨어지는 자매보다 훨씬 더 나쁜 짓을 저지른 사람입니다. 법의 다른 영역에서도 이와 비슷하게 구분합니다. 예를 들어 운전자 두 명이 난폭 운전을 하다가, 한 명이 우연찮게 어린아이를 치어 숨지게 한 경우를 생각해 봅시다. 다시 말하지만 아이를 죽인 운전자의 행위는 훨씬 더 큰 과실로 간주되고, 결국 훨씬 더 엄중한 처벌을 받을 가능성이 높습니다.

우리는 법이 매우 충실하게 도덕을 반영할 것이라고 기대하거나 최소한 희망합니다. 그렇다면 법의 관점은 일반적인 도덕적 직관과 얼마나 일치할까요? 아이를 죽인 운전자는 운이 좋은 다른 난폭 운전자보다 스스로를 더 가혹하게 판단하고, 대부분의 사람들도 별 의심 없이 그 판단에 동의할 것입니다. 마찬가지로 살인에 성공한 피비는 능숙하지 못한 밀리보다 훨씬 더 나쁜 짓을 했다고 생각합니다.

미국의 철학자 토마스 네이글^{Thomas Nagel}은 다음과 같은 사례에서 우리의 양면성을 명확하게 포착합니다.

> 욕조에 물을 받다가 욕조 안에 아기를 두고 자리를 비운 뒤, 다시 욕실로 가는 계단을 올라가는 도중 아기가 물에 빠져 죽었다면 끔찍한 일을 벌인 것입니다. 아기가 죽지 않았다면 그저 부주의했을 뿐이라고 생각할 것입니다.

불행한 것이 나쁜 것일까요?

사실 이런 경우에는 일반적인 직관뿐만 아니라 법도 다소 혼란스러운 것으로 보입니다. 우리는 보통 두 사람의 차이가 그들이 통제할 수 있는 요인 때문에 발생한 것이 아니라면, 두 사람을 다르게 판단해서는 안 된다고 생각합니다. 자발적으로 벌인 일에 대한 비난과 칭찬은 유보해야 한다고 생각하는 것입니다. 당신이 나에게 일부러 커피를 쏟았다면 기분이 나쁠 것입니다. 하지만 당신이 미끄러졌거나 누군가 당신의 팔꿈치를 밀쳤다면 당신을 성급하게 비난하지는 않을 것입니다. 하지만 앞에서 살펴본 사례에서, 한 운전자는 아이를 죽이고 다른 운전자는 죽이지 않은 것, 자매 중 한 명은 살인에 성공하고 다른 한 명은 실패한 것은 순전히 우연의 문제입니다. 이런 차이가 생긴 이유는 오로지 행운 때문이고, 행운은 분명히 우리가 통제할 수 없습니다.

그렇다면 비난과 자발성 또는 통제의 관련성은 일반적으로 생각하는 것보다 그렇게 깊지 않은 것 같습니다. 우리는 사람들이 자발적으로 한 일뿐만 아니라 행운 덕분에 한 일에 대해서도 비난하는 것 같습니다. 결국 도덕은 우연에 영향을 받고 '도덕적 행운'이 있는 것 같습니다. 불행은 분명히 당신을 나쁜 사람으로 만들 수 있습니다.

> "
> 도덕이 '행운'의 영향을 전혀 받지 않는가에 대한 의문은,
> 도덕이라는 개념을 더 이상 예전 그대로 생각할 수 없게 만든다.
> "
> _ 버나드 윌리엄스, 「도덕적 행운」, 1981

나쁜 것이 불행한 것일까요?

의도의 결과보다는 의도 자체에 따라 사람들을 판단하는 것이 더 안전하다고 생각할 수 있습니다. 이러한 사고방식에 따르면 살의가 있는 자매와 난폭한 운전자들에 대한 평가가 바뀔 것입니다. 하지만 그렇다고 해도 행운의 문제는 사라지지 않습니다. 왜냐하면 우리의 의도를 실제로 어느 정도까지 통제할 수 있을지 잘 모르기 때문입니다.

우리가 어떤 사람이냐에 따라 우리의 의도가 달라지고, 통제할 수 없는 수많은 요소가 우리를 사람으로 만듭니다. 우리의 성격은 거의 또는 전혀 통제할 수 없는 유전적 요인과 환경적 요인이 매우 복잡하게 얽혀서 만들어진 결과물입니다. 그렇다면 성격 때문에 자연스럽게 이루어진 행위나 의도를 어느 정도까지 판단해야 할까요? 만약 비겁하거나 이기적인 것이 어쩔 수 없는 자신의 성격이라면, 즉 자신의 본성이라면 위험으로부터 도망치거나 자신의 이익만 너무 챙기는 행동은 과연 비난받아 마땅할까요?

행운의 범위를 점점 넓힐 수는 있습니다. 도덕적 악에 대한 평가는 오로지 잘못된 시간에 잘못된 장소에 있었다는 사실에 따라 결정되는 것 같습니다. 상황에 따라 그러한 기회가 주어질 때만 우리 성격의 좋은 점과 나쁜 점을 보여 줄 수 있습니다. 마음의 여유가 없거나 관대함을 베풀 대상이 없다면 당신의 관대한 성품을 보여 줄 수 없습니다. 아마도 자신이 아우슈비츠의 나치 친위대 같은 타락한 행동은 결코 하지 않았을 것이라고 생각할 수 있지만, 물론 그것도 확실히 알 수는 없습니다. 다만 확인할 필요가 없기 때문에 아주 운이 좋다는 것만큼은 확실히 말할 수 있습니다. 그렇다면 나치 친위대는 자신들이 그러한 사실을 알게 될 수도 있는 상황에 처한 것이 불행한 일이었을까요? 그들은 그저 나쁜 사람이 된 것이 운이 없었던 걸까요?

논리적인 결론에 따르면, 도덕적 행운 같은 것이 존재하는지에 대한 논쟁은 자유 의지의 문제와 결합되고 다음과 같은 질문을 제기합니다. 결국 우리는 모든 일을 자유롭게 했을까요? 만약 자유가 없다면 책임이 필요할까요? 그리고 책임이 없다면 비난과 처벌에는 어떤 근거가 있을까요?

10

국민의 동의, 국가의 의무
사회 계약

왜 우리는 국가에 복종하고 국가가 정한 법률을 지켜야 할까요? 이에 대한 답은 그렇게 하기로 합의했기 때문입니다. 종합적으로, 가상적으로 아마도 역사적으로도 이 합의의 정확한 성격은 분명하지 않습니다. 우리에게 가져다주는 이익에 대한 대가로 국가가 권위를 갖는 데 동의했습니다. 우리가 얻는 이익에는 위협으로부터의 안전, 간섭을 받지 않고 원하는 대로 할 수 있는 자유, 사회에서 부와 그 밖의 재화가 공정하고 적절하게 분배되는 것이라는 넓은 의미의 정의가 포함됩니다.

사회 계약론에서는 기본적으로 이렇게 설명합니다. 국가의 제도와 구조가 구성원 간의 합의나 '사회 계약'을 기반으로 성립한다는 생각은 영국의 정치 이론가 토머스 홉스 Thomas Hobbes가 그의 책 『리바이어던 Leviathan』(1651)에서 최초로 제시했습니다. 이 이론에는 동의와 합리성이라는 두 가지 핵심적인 특징이 있습니다. 국가에 정당성을 부여하는 것, 즉 법률을 제정할 수 있는 권한과 그 권한을 인정하는 것은 바로 피지배자가 동의해야 가능합니다. 그리고 국민이 그 권한에 동의하는 이유는 자신이 얻을 수 있는 이익에 대해 합리적으로 고려했기 때문입니다. 모든 사람에게 동등하게 적용되는 법률을 준수하기로 동의함으로써 달성하는 협력이야말로 각 구성원이 자신의 이익을 확보할 수 있는 가장 확실한 수단입니다.

만약 당신이 기꺼이 이 계약에 서명한다면, 모든 것을 감안할 때 계약 조건에 구속되는 것이 그렇지 않은 경우보다 더 낫다고 생각했기 때문일 것입니다. 아마도 당신은 매달 많은 돈을 은행에 지불하고 싶지 않아도, 집이 없는 것보다는 주택 구입 자금 대출 계약에 서명하는 것이 더 마음에 들 것입니다. 이런 경우에 당신의 선호는 합리적이어야 합니다. 계약이 있을 때와 없을 때 당신의 지위와 이익을 고려하면 당신이 선택하지 않았을 약속을 하게 만듭니다.

홉스와 리바이어던

비슷한 맥락에서 홉스는 국가가 없다면 어떤 상태가 될지 생각하는 것에서부터 사회 계약에 대한 분석을 시작합니다. 그는 가설을 세웁니다. 인류가 사회를 구성하기 이전의 상태를 '자연 상태'라고 부릅니다. 이때 사람들은 오로지 자기 이익만 추구한다고 가정합니다. 즉 사람들은 독립적으로 활동하고 자신의 즐거움과 안위에만 관심이 있습니다. 사람들의 주요 동기는 "권력에 대한 끝없는 욕망이며 죽을 때 비로

소 그 욕망은 끝"납니다. 사람들은 끊임없이 갈등하고 경쟁하므로 신뢰를 쌓거나 협력할 가능성은 없습니다. 그리고 신뢰의 기반이 없으므로 번영을 이루거나 문명의 결실을 거둘 가능성도 없습니다. "예술도 없고, 문자도 없고, 사회도 없고, 오로지 지속적인 공포와 폭력적인 죽음의 위험밖에 없습니다." 따라서 홉스는 자연 상태에서 "인간의 삶은 고독하고, 가난하고, 추악하고, 잔인하고, 짧다"라는 유명한 결론을 내립니다.

모든 사람이 홉스가 그린 지옥 같은 상태에서 벗어나기 위해 함께 노력하는 데 관심을 보이기는 합니다. 그렇다면 왜 자연 상태에 있는 사람들은 서로 협력하는 것에 동의하지 않을까요? 함께 시작하는 데 필요한 신뢰가 전혀 없기 때문입니다. 계약을 지키려면 지불해야 하는 비용이 늘 발생하고 계약을 어김으로써 얻는 이익도 늘 생깁니다. 홉스가 말한 것처럼, 사람들에게 동기를 부여하는 것이 사리사욕뿐이라면, 계약을 어겨서 이익을 얻으려고 준비하는 사람은 늘 존재할 것입니다. 이런 상황에서 당신이 할 수 있는 최선의 선택은 계약을 먼저 파기하는 것입니다. 물론 다른 사람들도 모두 같은 방식으로 생각하기 때문에 이 관계에는 어떤 신뢰도 없고 모든 합의는 금방 깨집니다. 장기적인 이익보다 늘 단기적인 이익이 앞서고, 불신과 폭력의 악순환에서 벗어날 방법은 없어 보입니다.

그렇다면 이처럼 비참한 불화의 상태에 갇혀 있는 개인들은 어떻게 합의에 도달하고 악순환에서 빠져나올 수 있을까요? 홉스는 "칼이 없는 계약은 한낱 글자에 불과하다"라는 말로 문제의 핵심을 지적합니다. 여기서 필요한 것은 모든 사람이 자신에게 이익이 되는 계약 조건을 준수하도록 강요하는 외부의 권한이나 제재입니다. 사람들은 협력과 평화를 위해 기꺼이 자신의 자유를 제한해야 합니다. 사람들은 "자신의 힘과 권한을 한 사람 또는 한 집단에 부여해야 하고, 그 사람 또는 집단은 다양한 목소리를 듣고 모든 사람의 의지를 하나의 의지로 응축해야 합니다." 그렇다면 해결책은 홉스가 '리바이어던'이라고 부르는 국가의 절대적 권위, 즉 '모든 사람이 경외심을 갖는 공동의 권력'에 함께 복종하는 것입니다.

국민이 동의한 정부

홉스 이후 거의 반세기가 지난 뒤, 또 다른 영국의 위대한 철학자 존 로크 John Locke가 정부의 근거를 탐구하기 위해 사회 계약이라는 개념을 제시했습니다. 로크가 말하는 '자연 상태'는 홉스의 개념보다 덜 암울하기 때문에, 그가 생각하는 사람과 계약의 관계도 확실히 덜 엄격합니다. 홉스는 '만인의 만인에 대한 투쟁'이라는 공포 상태를 피하기 위해 무제한적이고 절대적인 국가 권력이 필요하다고 주장했습니다. 반면, 로크는 근본적으로 입헌 군주제 형태의 권력을 주장합니다. 로크의 견해에 따르면, 국민은 공동의 이익을 위해 사용하는 조건으로 자신의 권력을 주권자에게 이양하는 것에 동의합니다. 만약 주권자가 계약상의 의무를 지키지 못하면 그 동의를 철회할 권리가 있습니다. 필요하다면, 최후의 수단이기는 하지만 국민이 저항을 통해 정부를 강제로 전복시키는 방법도 정당한 구제책이 될 수 있습니다.

사회적 동물과 사회 계약론

사회 계약론은 여러 측면에서 비판할 수 있습니다. 다소 믿기는 어렵겠지만 최초의 사회 계약 체결이 실제 역사적 사건이라고 가정한다면, 우리 선조들이 동의한 계약에 왜 우리도 구속되어야 하는지 의문이 생길 것입니다. 한 가지 답은 단지 사회에 참여함으로써, 사회가 제공하는 혜택을 누림으로써 암묵적으로 동의하기 때문입니다. 그렇다면 다른 선택지로는 어떤 것들이 있을까요? 법적 계약에는 당사자가 자발적으로 참여해야 합니다. 하지만 사회적 계약은 다른 대안을 찾을 수 없을 뿐만 아니라 국가는 일반적으로 국가의 권한을 이용해 계약을 지키도록 강제합니다.

사회 계약에는 우리가 포함시키고 싶은 많은 것들을 명백히 배제한다는 어려움도 있습니다. 비록 그렇게 동의했거나 동의할 수 있다고 해도, 동의할 능력이 없는 사람들은 어떻게 해야 할까요? 지적 장애 정도가 심각한 사람들은 배제해야 할 것이고 미래 세대의 사람들은 고려할 필요도 없습니다. 그렇다면 가난하거나 재산을 빼앗긴 사람들은 어떨까요? 국가가 구성원들이 체결한 계약으로 이루어져 있다면, 사회에서 그 거래의 혜택을 누리지 못하는 사람들은 왜 국가의 규칙을 지켜야 할까요?

아마도 홉스의 이론에서 가장 취약한 측면은 인간을 순전히 이기적인 존재, 즉 항상 자신의 이익만을 위해 행동하는 존재라고 주장한다는 점입니다. 이러한 관점과는 반대로, 진화론적 증거나 과학적 증거들에 따르면 인간은 근본적으로 이타적이고 협력적인 욕구가 있는 사회적 동물입니다. 그렇다면 우리가 함께 살아가는 방식과 그 이유를 설명하는 사회 계약론의 필요성은 점점 사라지기 시작합니다.

11

최선의 삶을 위한 합리적 선택
덕 윤리

계몽주의^{enlightenment}가 등장한 이후 약 350년 동안 대부분의 도덕 철학자들은 자신들의 주요 임무가 도덕의 성격을 분석하는 것이 아니라 윤리적인 행위를 설명하는 것이라고 생각했습니다. 도덕 철학자들은 행위자가 아닌 행위, 다시 말해 우리가 어떤 사람이어야 하는지보다 어떻게 행동해야 하는지에 주목하려 했습니다. 이를 위해 그들은 도덕적 의무의 기초가 되는 원리를 발견하고 이 원리에 따라 행동하도록 안내하는 규칙을 만들려고 했습니다.

그렇다고 해서 이후의 도덕 철학 논의에서 덕^{virtue}이라는 개념이 배제된 것은 아니지만, 부차적인 것이나 도구로 여겨지기도 했습니다. 예를 들어 덕은 의무가 요구하는 일들을 수행하는 데 도움이 되는 수단이거나, 효용이나 행복 같은 내적 목표를 달성하기 위한 도구라고 생각한 것입니다. 하지만 덕이 항상 의무나 다른 선을 행하기 위한 시녀 역할만 한 것은 아닙니다.

플라톤Platon과 아리스토텔레스를 비롯한 고대 그리스의 위대한 사상가들은 윤리학의 주요 관심사가 덕(도덕적 탁월성)의 본질이나 선한 인격을 함양하는 것이라고 생각했습니다. 이들에게 중요한 질문은 "무엇이 옳은 일인가?"가 아니라 "무엇이 최선의 삶인가?"였습니다. 인격적 탁월성이라는 그리스 철학의 주제는 근대 초기까지 지배적인 사상이었지만, 이후 몇 세기 동안은 아리스토텔레스의 철학과 함께 대부분 무시되었습니다. 하지만 20세기 중반부터 일부 사상가들이 도덕 철학의 지배적인 경향에 불만을 표출하면서 인격과 덕에 관한 연구를 되살리기 시작했습니다. 바로 이러한 최근의 연구 경향과 여기에 영감을 제공한 기존의 견해를 아울러 '덕 윤리'라고 부릅니다.

위대한 영혼과 중용

아리스토텔레스의 견해에 따르면 선한 사람이 되는 문제는 옳은 일을 하거나 규율과 원칙을 이해하는 것이 아닙니다. 그보다는 적절한 실천과 훈련을 통해 지혜를 얻고 적절한 상황에서 적절하게 행동하는 사람이 되는가의 문제였습니다. 간단히 말해 선천적이든 후천적이든 올바른 성격과 성향을 가져야 올바른 행동을 하는 것입니다. 여기서 성향이 바로 덕입니다. 덕이란 그리스인들이 인간을 위한 최고의 선이자 인간 활동의 궁극적 목적으로 삼은 '에우다이모니아eudaemonia'가 말현된 것입니다. 주로 '행복'으로 번역되는 '에우다이모니아'는 그보다는 의미가 더 넓고 덜 주관적입니다. 그래서 '번영하는 것'이나 '선한(성공적이고 운이 좋은) 인생을 누리는 것'이라는 뜻이 가장 적절해 보입니다.

그리스인들은 흔히 용기, 정의, 절제(자기 관리), 지성(실천적 지혜)이라는 네 가지 기본 덕목을 이야기합니다. 하지만 플라톤과 아리스토텔레스가 가장 중요하게 생각한 교리는 '덕목의 통합'입니다. 그들은 선한 사람은 서로 다른 덕목의 요구가 상충하는 상황에서 민감하게 대응하는 방법을 알아야 한다고 주장합니다. 그러면서 각각의 덕목은 보석 하나에 보이는 여러 면과 같으므로 사실상 하나의 덕을 갖추지 않으면 다른 덕도 갖출 수 없다고 결론을 내립니다. 아리스토텔레스는, 다양한 덕목을 모두 소유하고 함양하는 것은 선한 사람이 선과 덕의 모범인 '위대한 영혼(메갈로프시코스 megalopsychos)'이 되는 것을 의미한다고 주장했습니다.

플라톤은 마침내 덕목의 통합을 넘어 동일성으로 나아가면서, 서로 다른 덕목들은 사실상 하나의 동일한 덕목이며, '지식'이라는 단일 덕목에 모두 포함된다고 결론을 내립니다. 플라톤은 덕이 지식과 동일하다고 생각하면서 아크라시아 akrasia(자제력 부족)의 가능성을 부정하게 되었습니다. 예를 들어 무절제하게 행동하는 것은 나약함의 문제가 아니라 무지의 문제였습니다(아리스토텔레스는 일반적인 믿음에서 너무 멀리 벗어나는 것을 경계하며 이 견해는 받아들이지 않았습니다). 플라톤과 아리스토텔레스에게 도덕적으로 행동하는 것이 이성의 행사, 즉 합리적인 선택과 떼어 놓을 수 없는 관계라고 생각했습니다. 그리고 아리스토텔레스는 이 개념을 '중용golden mean'이라는 영향력 있는 사상으로 발전시켰습니다.

> 인간의 선은 영혼의 능력을 탁월함 또는 덕에 부합하도록 적극적으로 행사하는 데 있다. … 게다가 이 활동은 일생 동안 지속되어야 한다. 한 마리의 제비가 봄을 만들지 못하듯, 화창한 하루만으로도 봄을 만들지 못하기 때문이다.
>
> _ 아리스토텔레스, 「니코마코스 윤리학」, 4세기

세속적 윤리학

덕 윤리를 현대에 다시 부활시킨 주된 촉매제는 1958년 영국의 철학자 엘리자베스 앤스콤Elizabeth Anscombe이 발표한 「현대 도덕 철학Modern Moral Philosophy」이라는 논문이었습니다. 이 논문에서 앤스콤은 공리주의와 칸트주의라는 지배적인 윤리 이론에 대한 불만이 점점 커지는 현상을 포착합니다. 그녀는 기존의 이론이 '윤리에 대한 법적 개념', 즉 '도덕적으로 해야 하는 것'이나 '도덕적인 의무' 등에 주목하는 데 반대합니다. 그러면서 이 개념에 의미를 부여하는 신적 권위의 근원을 무시하는 것도 반대합니다.

물론 독실한 로마 가톨릭 신자인 앤스콤이 지배적인 이론의 세속성에 반대하며, 종교적 기반인 도덕 이론으로 돌아가야 한다고 권고한 일에 대해서는 논쟁의 여지가 있습니다. 그럼에도 앤스콤의 사상에 큰 영감을 받은 철학자들은 그녀가 목표로 삼은 것이 도덕적 의무의 입법 구조인 '법 개념' 자체이고, 따라서 고대 그리스의 세속적 윤리학의 특징을 옹호한다고 생각했습니다. 의도했든 하지 않았든 앤스콤은 아리스토텔레스와 다른 철학자들의 영향을 받아 도덕적 성품, 실천적 지혜, 덕 자체를 중요시하는 이론을 발전시켰으며, 새로운 세대의 덕 윤리학자들에게 자극을 주었습니다.

12

사람과 사회, 우정의 가치
인본주의

인생의 의미는 무엇일까요? 종교적 신앙이 있는 사람들의 대답은 간단합니다. 이 땅에서 살아가는 목적은 신을 섬기는 것입니다. 신의 뜻을 신성하게 여기거나 그 뜻을 전하는 경전을 해석하는 일은 간단하지 않을 수 있습니다. 그래도 신의 뜻을 만족시키려는 목적 한 가지는 분명합니다. 하지만 이런 신앙이 없는 사람은 어떨까요? 쉬운 답도 없고 단순한 길도 없습니다. 인본주의자humanist는 종교 없이도 의미 있는 삶을 살아가려는 사람들입니다. 이들은 세상에 대한 관점이 대체로 비슷하지만 다양한 방법으로 의미 있는 삶을 살아가려 하기 때문에, 이들의 신념과 가치가 교리나 이념을 형성하지는 않습니다.

일반적인 주장에 따르면 종교적 진리는 신이 직접 계시한 말씀에 기초합니다. 따라서 신의 말씀에 따라 세상의 기원과 본질, 인간의 지위, 인간과 다른 생물의 관계, 인간이 살아가고 행동하는 방식 등 여러 심오한 질문에 대한 대답을 강하게 확신합니다. 인본주의humanism의 주요 동기는 신이 존재하지 않는다는 믿음입니다. 따라서 인본주의자들에게는 이 모든 질문에 대한 답이 열려 있습니다. 이들은 종교의 확실성

을 배제하고 스스로 답을 찾으려고 합니다.

인간의 존엄성

종교적인 관점에서 선한 삶이란 신이 바라는 대로 사는 것이고, 옳은 일이란 신이 정한 대로 행하는 것입니다. 그렇다면 결국 삶의 가치는 그 근원이 이 세계의 바깥에 있습니다. 신이 존재하지 않는다고 믿는 인본주의자들은 이처럼 세계의 바깥을 바라볼 수 없습니다. 이들에게는 이 세계가 존재하는 전부이고 이 삶이 그들이 가진 전부입니다. 만약 선한 일을 하거나 가치 있는 일을 하려면 지금 여기서 해야 합니다.

그렇다면 인생이 중요하고 살아야 할 가치가 있는 이유는 이 세계 안에, 특히 인간의 본성 자체에 존재해야 합니다. 종교를 가진 사람에게 신의 권위가 없는 도덕은 자의적이거나 상대적인 것이지만, 인본주의적 관점에서 도덕은 인간의 본성에 뿌리를 둡니다. 인본주의자는 도덕적 감각이 다른 사람에 대한 관심과 다른 사람의 가치에 대한 신뢰, 사회와 우정의 가치에 기반한다고 생각합니다. 그렇다면 인본주의자의 '신앙'은 인본주의 그 자체에 있는 것입니다. 르네상스 시대에 인본주의자들은 인본주의를 '인간의 존엄성'이라고 불렀습니다. 하지만 이는 맹목적인 신앙이 아닙니다. 인본주의자들은 인간이 연약하고 오류를 범하기 쉽다는 사실을 알고는 있지만, 더 훌륭한 본성이 있을 것이라는 낙관론을 갖고 있습니다.

> "한 인간의 윤리적 행동은 동정심, 교육, 사회적 유대감에
> 효과적으로 기반을 두어야 하며 종교적 근거는 필요 없다."
>
> — 알베르트 아인슈타인, 『뉴욕 타임스 매거진』, 1930

자유, 자율, 과학에 대한 믿음

종교 없이 목적이 이끄는 대로 살아가는 인본주의는 특별한 이념을 수반하지는 않습니다. 하지만 인간의 존엄성을 중요하게 여기기 때문에 자유주의 전통에 확고하게 자리를 잡고 있습니다. 실제로 인본주의자들은 자유주의적인 가치를 공유하는 경향이 있습니다. 인본주의자들은 자신의 능력을 최대한 활용해 행복하고 만족스러운 삶을 영위하는 데 관심이 있습니다. 이를 위해 자신을 온전히 계발할 수 있는 기회가 필요합니다. 이때 자유주의의 최고 가치인 자유와 자율이 필수적입니다. '자유'는 스스로 생각하고 표현할 수 있는 자유를 말하며, 다른 사람의 자유와 양립할 수 있습니다. '자율'은 자신의 삶을 스스로 결정하고 통제할 수 있는 권리를 말합니다.

종교는 독단적입니다. 신의 말씀에 대해 협의하거나 논쟁할 수 없습니다. 경전에 나오는 진리는 항상 절대적이고 정해져 있습니다. 특히 근본주의적인 종교는 신의 뜻을 거스르는 생각을 하는 자유도 거리낌 없이 제한합니다. 이와 반대로 독단적인 확실성을 거부하는 인본

주의적 세계관은 잠정적이고 추론적입니다. 정치적으로 인본주의자는 권위주의적이고 가부장적인 입장에 반대할 가능성이 있습니다. 그리고 일반적으로 언론과 표현의 자유, 평등권, 다원주의, 관용, 민주주의라는 자유주의적 덕목을 지지합니다.

무신론자인 인본주의자들은 종교가 초자연적으로 설명하는 우주와 인간의 지위를 받아들이지 않습니다. 인본주의자들이 생각하는 세계는 신성한 창조물이 아니라 자연 현상이므로 합리적으로 설명하고 탐구할 수 있는 대상입니다. 특히 찰스 다윈Charles Darwin의 관점에 따라 호모 사피엔스Homo sapience를 수많은 동물종 가운데 하나로 여깁니다. 호모 사피엔스가 확실히 지능은 뛰어나지만 다른 종과 근본적으로 다르지는 않다고 생각하는 것입니다. 일반적으로 인본주의자들은 지식을 얻는 가장 확실한 수단이 과학이라고 생각합니다. 이들은 가설을 세우고 계속해서 확인, 수정, 거부의 과정을 거치는 과학의 특징적인 방법을 신뢰합니다. 종교적 사고방식은 독단적이고 확정적인 데 반해 인본주의적 사고방식은 항상 회의적이고 수정할 여지가 있습니다.

13

존재하지 않는 진리와 무력한 이성
허무주의

허무주의nihilism는 라틴어로 '무無'를 뜻하는 니힐nihil에서 유래한 말로, '아무것도 믿지 않는다'라는 뜻입니다. 윤리학에서 가장 극단적인 입장으로, 아무것도 가치가 없다고 생각합니다. 옳거나 그른 것도 없고 삶의 의미나 목적도 없습니다. 이처럼 극도로 암울한 관점에는 부정적인 의미가 있으며, 어떤 가치관을 거부하거나 공유하지 않는 사람들이 적대적인 방식으로 이용하기도 합니다.

'허무주의'라는 단어는 덜 극단적인 여러 입장에도 사용합니다. 아무것도 믿지 않는다는 말은 무엇이든 믿지 않는다는 말과 같을 수 있지만, 무엇이든 믿는다는 뜻으로 봐도 무리는 아닙니다. 따라서 윤리적 진리를 알 수 있는지 의문을 제기하는 도덕적 회의주의나 모든 가치는, 특정 문화와 시대에 따라 상대적이라고 말하는 도덕적 상대주의 같은 다양한 입장을 허무주의로 표현하기도 합니다.

반현실주의

일반적으로 철학적 입장에서 윤리적 허무주의는 도덕적 현실주의를 거부합니다. 가장 단순한 형태인 도덕적 가치는 우리와 독립적으로 존재하는 객관적 사실이며, 과학적 주장처럼 윤리적 주장의 진실은 이 외부 현실과 일치하는가에 달려 있습니다. 하지만 허무주의는 이러한 구도를 부정하고 도덕적 가치가 존재하지 않으므로 옳고 그름도 존재하지 않는다고 말합니다. 도덕적인 주장과 판단은 단지 착각일 뿐이며, 일반적으로 이해하고 있는 도덕은 환상에 지나지 않습니다.

이처럼 제한된 의미에서 허무주의는 기본적으로 반현실주의_{anti-realism}와 동일하고, 윤리를 주관주의적으로 설명하기 위한 중간 단계에 지나지 않을 수 있습니다. 하지만 인간 조건의 근본적인 본성과 한계에 대한 믿음이라는 좀더 풍부하고 실질적인 사상으로 허무주의를 보기도 합니다. 이러한 사상은 19세기 독일 철학자 프리드리히 니체_{Friedrich Nietzsche}를 비롯해 20세기의 실존주의 철학자들과 관련되어 있습니다.

"신은 죽었다"

앞에서 설명한 내용에 따르면 니체는 세계에 객관적인 구조가 없다고 생각하기 때문에 허무주의자입니다. 그는 '진정한 세계'가 없다고 말합니다. 즉 우리의 믿음과 정확하게 일치하는 외부 현실은 없다는 것입니다. 이러한 의미에서 진리는 존재하지 않습니다. 이성은 무력합니다. 세계에 대한 우리의 지식은 하나의 관점일 뿐입니다. 지식은 본질적으로 세계에 대한 어떤 관점에 근거하고 있다는 뜻입니다. 이러한 견해에 따르면 세상에 존재하는 모든 것은 우리가 선택한 것일 뿐입니다. 어떤 가치도 절대적이지 않으며 모든 것에는 근본이 없고 단지 인간이 구성하거나 창조한 것입니다.

하지만 니체의 허무주의는 여기서 끝나지 않습니다. 니체는 삶을 산다는 것이 가치를 창조하기 위해 적극적으로 헌신해야 하는 일이라고 생각했습니다. 여기서 가치는 삶에 의미를 부여하고 '권력 의지will to power', 즉 사람이 성장하고 번영하도록 이끄는 본능을 강화하는 것입니다. 시간이 흐르면서 만들어지고 하나의 문화권에서 공유되는 이러한 가치는, 더 이상 목적을 달성하지 못하고 '삶을 긍정'하지 못할 때까지 사회 제도로 보존되고 시행됩니다. 그러고 나면 이제 삶을 부정하는 가치는 단순한 미신으로 드러나고 허무주의적인 단계에 이릅니다. 그리고 그 자리에 새로운 가치가 구축되면서 한 번의 주기가 완성됩니다.

니체는 자신이 살았던 19세기 말에 허무주의라는 최대의 위기를 겪고 있다고 생각했습니다. 계몽주의와 과학 혁명의 특징인 진리 탐구는, 그 자체의 내적 논리에 숨어 있는 의미를 연구함으로써 진리에 대한 기반이 부족하다는 사실을 스스로 드러냈습니다. 다시 말해 신보를 향한 근대성의 노력을 뒷받침했던 그 가치들이 자신의 기반을 붕괴시키려고 위협했습니다(니체는 "최고 가치들이 스스로를 평가 절하했다"라고 표현했습니다). 니체는 이 위기를 '신의 죽음'이라고 불렀는데, 이는 인류의 사회적·정치적·도덕적 기반의 붕괴, 목적과 의미의 상실, 허무주의의 승리를 의미합니다. 위기를 극복하고 삶을 재확인할 수 있는 희망이 없는 것은 아니었습니다. 하지만 아직은 위기를 극복하기 어려웠습니다. 왜냐하면 사람들이 주위에서 벌어지는 재앙을 의식하지 못한 채 종교적 경건함을 비롯한 삶을 부정하는 낡은 신념에 계속 집착했기 때문입니다.

> "허무주의의 표식은 삶에 대한 무관심이다."
> _ 알베르 카뮈, 『반항하는 인간』, 1951

무관심에 맞선 진정성

니체의 허무주의는 20세기에 장 폴 사르트르Jean Paul Sartre, 알베르 카뮈Albert Camus, 마르틴 하이데거Martin Heidegger 등 실존주의자들에게 큰 영향을 미쳤습니다. 니체와 마찬가지로 무신론자인 그들은 인생의 의미나 목적을 부여하는 신 같은 외적인 근원이 없다는 관점에서 출발합니다. 대신 부조리한 상황에 직면해 있습니다. 즉 존재의 잔혹한 진실, 인생의 무상함, 무관심한 우주에 아무렇게나 던져졌다는 사실 말입니다.

사르트르는 이러한 무관심 덕분에 우리 스스로가 자유롭게 의미를 구축할 수 있다고 말합니다. 삶에서 중요한 선택을 함으로써, 다시 말해 무관심에 맞서 가치를 창출하고 주장함으로써 진정성 있게 살아갈 수 있습니다. 그렇지 않으면 자유에 대한 책임을 지고 의미를 만들어 내는 데 전념하지 못하고 '나쁜 믿음' 속에서 살아야만 합니다. 하지만 절대적인 자유에는 고통이 뒤따릅니다. 다른 말로 무의미함에 대처하려는 노력에 대한 의식이 뒤따릅니다. 이것이 바로 카뮈가 「시시포스의 신화Le Mythe de Sisyphe」(1942)에서 극화한 존재의 고통과 허무함입니다. 시시포스는 그리스 신화에 등장하는 인물로, 바위를 산꼭대기까지 밀어 올리면 바위가 다시 아래로 굴러떨어져 처음부터 다시 밀어 올려야 하는 끝없는 형벌을 받았습니다.

2부

미덕과 선함의
본모습

14

재화를 공정하게 분배하는 방법
정의

로마의 작가이자 정치가인 마르쿠스 툴리우스 키케로Marcus Tullius Cicero는 정의justice에 대해 이렇게 말했습니다. "모든 미덕의 주권자이자 여왕, 도덕적 탁월함의 정점이다." 정의는 탁월한 미덕이지만 복잡한 개념입니다. 개인이 정의로운 것과 사회가 정의로운 것은 분명히 다릅니다. 이처럼 서로 다른 형태의 정의가 어떻게 연관되는지에 대한 철학적 논쟁은 많이 이루어졌습니다.

정의라는 개념의 핵심에는 좋은 것과 나쁜 것의 분배가 있습니다. 좋은 것에는 재산, 부, 명성, 사회적 지위처럼 사람들이 가치 있게 여기거나 소유할 만한 가치가 있다고 생각하는 모든 것(불가피하게 제한된 혜택과 자원)이 있습니다. 나쁜 것에는 빈곤이나 과세처럼 일반적으로 바람직하지 않다고 생각하고 피하려는 부담이나 의무 등이 포함됩니다. 정의로운 사람은 다른 사람의 재화를 존중합니다. 다른 사람의 것을 빼앗는 일을 삼가고 빚진 것이 있으면 돌려줘야 한다고 주장합니다. 정의로운 사회에서는 구성원들이 자의적이지 않고 정의롭고 공정하게 재화가 분배된다고 인정합니다. 그렇다면 그러한 공정성은 과연 어떤 것인지가 중요합니다. 재화는 구성원들에게 평등하게 분배해야 할까요, 아니면 사람마다 마땅히 받을 만큼 분배해야 할까요?

균형과 조화

그리스의 철학자 플라톤은 『국가 politeia』에서 정의를 매우 독특하게 설명합니다. 그는 사회적 형태의 정의와 개인적 형태의 정의, 다시 말해 이상적인 국가의 정의와 개인의 도덕적 탁월함(덕) 사이의 유사점을 이야기합니다. 플라톤에 따르면, 국가의 정의는 통치자, 수호자, 생산자 등 세 계층의 시민이 자신의 의무를 다하면서 적절한 균형과 사회적 조화를 이루는 것입니다. 마찬가지로 개인의 도덕적 안녕은 이성, 감성, 욕구라는 영혼의 세 가지 요소가 이루는 적절한 균형, 즉 내적 조화에 달려 있습니다. 따라서 플라톤이 말하는 덕이 있는 사람, 국가와 유사하게 정의로운 사람은 이성의 인도를 받으며, 이성의 힘으로 세속적 야망과 육체적 욕망을 다스립니다. 이러한 정의는 전적으로 내적인 성향이며, 정의로운 사회 제도와 법률을 지키려는 개인의 의지 같은 외부 요인과는 관련이 없습니다. 또한 그 정의는 제한적이지 않고 열려 있기도 합니다. 정의로운 행동은 플라톤이 묘사한 방식대로 조화롭게 균형을 이루는 영혼에서 비롯됩니다.

정의에 대한 이 같은 설명에 가장 중요한 영향을 미친 사람은 플라톤의 제자인 아리스토텔레스였습니다. 아리스토텔레스가 생각한 정의의 본질은 사람들이 '자신의 몫을 받는 것'입니다. 플라톤의 생각과는 반대로 아리스토텔레스의 정의는 외부적입니다. 즉 사람들이 자신의 몫을 받으려면 외부의 기준이 필요하다는 것입니다. 또한 모든 사람이 받아야 하거나 기대할 권리가 있는 좋은 것과 나쁜 것의 몫을 받아야 한다는 점에서 분배적입니다. 아리스토텔레스의 정의에도 여전히 균형과 조화라는 개념이 남아 있지만, 이는 사람들이 얻는 것과 마땅히 받아야 하는 것 사이의 균형이라는 제한적인 의미입니다. 법률적인 맥락에서 정의의 여신이 들고 있는 한 쌍의 저울은 바로 이 균형의 개념을 상징합니다.

> "정의란 다른 이에게 마땅히 돌려줄 것을 항상, 영원히 돌려주려는 의지다."
>
> — 유스티니아누스 황제, 서기 6세기

기회의 평등과 결과의 평등

정의의 여신은 저울을 들고 있을 뿐만 아니라 눈도 가리고 있습니다. 그녀는 공정하고 공평하게 판결해야 합니다. 하지만 정의는 모든 차이를 외면할 수 없습니다. 공정성은 정의와 관련 없는 차이들은 무시하라고 요구합니다. 사람들은 동등한 대우를 받지 않을 타당한 이유가 없다면 당연히 동등하게 대우받아야 합니다. 여기서 문제는 정의와 관련된 차이점은 무엇인지 결정하는 것입니다.

사회에서 좋은 것과 나쁜 것을 공정하게 분배할 때 통제할 수 없는 차이를 무시하는 것은 합리적으로 보일 수 있습니다. 예를 들어 자신의 피부색이나 태어난 곳은 바꿀 수 없으므로 이러한 요소는 정의와 관련 없는 것으로 취급해야 합니다. 하지만 자신의 삶에는 자신이 통제할 수 없는 것이 많습니다. 재능이 더 탁월하거나 지능이 뛰어나거나, 근면 성실하면 인생에서 더 많은 보상을 받을까요? 아니면 어쩔 수 없이 발생하는 불평등을 해소하는 것이 정의로운 사회의 임무일까요? 평등은 논쟁의 여지 없이 정의에서 핵심적인 부분이겠지만, 기회의 평등과 결과의 평등은 아주 다른 것을 의미할 수도 있습니다(15장 〈평등〉 참고).

차등의 원칙

미국의 정치 철학자 존 롤스John Rawls는 20세기 후반 정의론 논쟁에서 가장 중요한 역할을 했습니다. 롤스는 사회 정의 이론을 정립하면서, 평등한 대우를 받지 못하는 상황이 도덕적으로 적절한 이유가 무엇인지를 다룹니다. 그는 개인의 모든 이익과 충성심을 가리는 가상의 '무지의 베일' 뒤에 숨은 사람들이 앞으로 자신이 얻게 될 이익을 보호하기 위해 '차등의 원칙'을 지지할 것이라고 주장합니다. 차등의 원칙에 따르면, 사회적 재화를 분배하는 과정에서 발생하는 불평등은 한 사회에서 가장 가난한 구성원이 더 나은 삶을 살게 될 경우에만 정당화됩니다. 예를 들어 부자를 위한 감세는 가장 가난한 사람들의 경제 생활이 나아지는 결과를 이끌어 내면 정당하고 정의로운 것입니다.

롤스 자신은 근본적으로 평등주의자였지만, 그가 주장한 차등의 원칙은 사회에서 혜택을 가장 많이 받는 사람과 가장 적게 받는 사람의 매우 큰 격차를 정당화하는 데도 적용할 수 있습니다. 롤스의 사회 정의 개념은 긍정적이든 부정적이든 논쟁과 비판의 중심에 있습니다.

15

정의로운 국가의 조건
평등

도덕적인 문제는 늘 그렇듯 논쟁을 일으킵니다. 예를 들어 낙태나 동성애 같은 문제에 관한 태도는 지난 세기 동안 극적으로 바뀌었을지 모르지만, 여전히 의견이 분분하며 뜨거운 논쟁이 벌어지고 있습니다. 그러나 평등의 문제는 좀 다릅니다. 적어도 불평등을 주장하는 정치인에게 투표하는 사람은 거의 없습니다. 평등은 신성불가침한 가치에 가깝고 정의로운 사회의 필수적인 구성 요소라고 생각합니다.

오늘날 서구 국가들에서는 인종, 성별, 장애를 이유로 차별하는 것을 포함해 어떠한 불평등도 사회적으로나 정치적으로 용납되지 않습니다. 물론 이런 편견은 여전히 사람들의 마음속에 남아 있기는 하지만 공개적으로 드러낸다면 비난을 피할 수 없습니다. 사실상 평등은 이제 일상적인 도덕 원칙으로 잘 확립되어 있습니다. 그래서 그 원칙이 현대적인 개념이며 불완전하게 실현되고 있다는 점을 쉽게 잊을 수 있습니다. 실제로 모든 인간은 평등하다는 생각은 역사적으로 거의 모

든 사람에게는 말도 안 되는 소리였고 새빨간 거짓말이었습니다.

계몽주의적 이상인 평등

평등이 정치적·사회적 사상의 초석으로서 지금의 지위로 격상된 것은 계몽주의 등장 이후 지난 350년밖에 되지 않습니다. 영국의 철학자 존 로크가 주장한 이상적인 평등은 지난 수천 년 동안 인간사를 지배한 '신 앞에서의 평등'에 대한 세속적인 반응이었습니다. 모든 남자와 여자가 신 앞에서 평등하다는 생각은 지구에 사는 사람들의 심각한 불평등을 막지 못했을 뿐만 아니라 오히려 그 불평등을 정당화하는 데 이용되었습니다.

100년 후인 1776년 토머스 제퍼슨Thomas Jefferson은 미국 독립 선언문의 초안을 작성하면서 '생명, 자유, 행복 추구'를 포함해 모든 인간에게 동등하게 주어진 자연적이고 양도할 수 없는 권리가 존재한다는 사상을 신성화했습니다. 13년 뒤인 1789년 이러한 이상은 프랑스 혁명가들이 발표한 「인간과 시민의 권리 선언」에 영감을 제공했습니다. 이들은 '자유, 평등, 박애'라는 구호를 외쳤습니다.

기회와 결과의 충돌

로크와 제퍼슨은 평등할 권리의 관점에서 평등을 생각합니다. 이들이 가장 중요하게 생각한 것은 개인이 국가를 포함해 다른 사람의 억압과 간섭을 받지 않는 삶을 살아갈 권리입니다. 이러한 고전적 자유주의의 견해는 오늘날 말하는 '기회의 평등'과 일치하는 측면이 있습니다. 기회의 평등을 보장받기 위해 모든 사람이 법 앞에서 평등해야 합니다. 또한 출생, 인종, 성별 같은 인위적인 장애물이 타고난 재능을 최대한 활용하지 못하게 방해해서는 안 됩니다. 문제는 기회의 평등이라는 개념은 또 다른 중요한 개념인 '결과 또는 조건의 평등'과 충돌한다는 점입니다. 결과의 평등은 모든 사람이 부, 지위와 그 밖의 사회적 재화 등을 비슷한 수준으로 누리는 상태를 말합니다.

하지만 이 세상에 똑같은 사람은 없습니다. 모든 사람의 재능과 능력은 제각각 다릅니다. 따라서 모든 사람이 동등한 대우를 받고 동일한 기회를 얻는다면 어떤 사람은 다른 사람보다 더 많은 기회를 만들고 결국 다른 사람과 다른 사회적·경제적 수준에 이를 것입니다. 반대로 사람들이 삶의 지위를 동등하게 누리도록 보장할 수 있는 유일한 방법은 사람들을 각각 다르게 대우하는 것입니다. 예를 들어 재능이 부족하고 남보다 주변 환경이나 조건이 취약한 사람들에게는 좀더 많은 도움을 주는 것입니다.

> "결과로서의 평등을 자유보다 중요시하는 사회는
> 결국 평등도 자유도 얻지 못할 것이다."
>
> – 밀턴 프리드먼, 미국 경제학자, 1980

자유주의 국가와 사회주의 국가

평등의 의미에 대한 두 가지 다른 생각은 정의로운 국가의 모습에 대한 두 가지 생각으로 이어집니다. 자유주의자가 생각하는 국가의 역할은 모든 사람에게 동등한 기회가 주어지도록 보장하는 평등한 권리와 자유의 틀을 제공하는 것입니다. 하지만 이러한 체제에서 나타날 수밖에 없는 불평등을 해소하기 위해 개입하지는 않습니다. 자유주의 국가는 출생이나 부가 아닌 재능과 성취를 바탕으로 엘리트가 탄생하는 실력주의 사회입니다. 그렇다면 이 국가에서는 공정한 경쟁의 장을 제공해야 합니다. 그러나 모든 선수가 동등한 재능을 갖고 있다고 가정하거나, 재능을 발휘한 것에 대해 동등한 보상을 받으려고 노력하는 건 아닙니다.

반대로 사회주의는 경쟁의 장이 전혀 공정하지 않기 때문에 국가가 직접 만들고 관리해야 한다고 주장합니다. 최소한으로 개입하는 자유주의 국가에서 진정한 평등을 실현하기에는 너무 부족하다고 생각합니다. 사람들이 스스로 성취해야 하는 '실질적인' 자유를 제한하는 요인은 항상 많습니다. 예를 들어 열악한 양육 환경, 형편없는 교육 수준, 부족한 복지 혜택 등이 있습니다. 사람들이 진정으로 평등하려면 교육과 복지 혜택을 위한 공공 시스템을 제공해야 하고, 재분배를 목적으로 한 과세를 통해 빈곤 문제를 해소해야 합니다. 정의로운 국가는 각 개인의 능력보다는 필요에 따라 자원을 배분함로써 진정한 평등, 즉 조건의 평등이 달성되는 국가입니다.

전쟁 중인 평등

20세기 후반은 평등에 관한 서로 다른 두 가지 견해, 즉 카를 마르크스[Karl Marx]의 격언인 "각 사람의 능력을 따라"에 영감을 얻은 공산주의 정권과, 자유로운 시장 자본주의의 가치를 뒷받침하는 자유주의 정권 사이에서 벌어진 이념 전쟁의 시기였다고 해도 과언이 아닙니다. 1989년 공산주의가 실패하고 붕괴하면서 이 전쟁은 끝이 났습니다. 그러나 그 승리의 기쁨도 이후 수십 년 동안 세계 자본주의가 겪은 충격으로 인해 오래가지는 못했습니다. 21세기 초 경제적으로 위축된 세계에서는 국가 내부나 국가 간에 기괴한 불평등이 지속되고 있지만, 미래를 위한 최선의 방법에 대한 합의는 여전히 이루어지지 않은 상태입니다.

16

인간의 다양성과 자율성에 대한 존중
관용

당신이 동의하지 않는 일을 다른 사람이 행하거나 생각하도록 허락하는 것은 과연 선한 행위일까요? 실제로 그것이 당신이 반대하는 행위라면 어떨까요? 관용이 미덕이라면 그 행위는 선한 일이어야 합니다. 하지만 다른 사람이 어떤 일을 하고 무슨 생각을 하는지에 따라 그 대답은 달라지지 않을까요? 아마도 당신이 어떤 일에 동의하지 않고 반대하는지에 따라서도 대답은 달라질 것입니다. 그렇다면 미덕으로 간주되는 관용은 다소 혼란스러울 수 있습니다.

실제로 관용이라는 개념은 중요한 이념의 단층선에 놓여 있습니다. 이 단층의 한쪽에서 관용은 계몽주의의 탁월한 미덕입니다. 이는 볼테르Voltaire의 유명한 말 "나는 당신의 말에 찬성하지 않지만, 당신이 그렇게 말할 권리는 죽을 때까지 지켜줄 것이다"에 요약되어 있습니다. 자유주의적인 다문화 사회에서는 관용을 지침으로 삼지 않으면 살아남을 수 없습니다. 이러한 사회의 시민들은 자율적이고 열린 마음으

로 자유롭게 자신의 견해를 밝히고 다른 사람들도 그렇게 할 수 있도록 보장하는 권리를 누립니다.

적어도 이 그림은 이러한 사회의 자유주의 지지자들이 그린 것입니다. 자유주의를 비판하는 사람들에게는 똑같은 그림이 전혀 다르게 보입니다. 전통적인 신념과 경전의 가치를 중시하는 비서구적인 견해에서는 관용을 그저 면죄부로, 허용을 그저 방종으로 볼 수 있습니다. 비판자들은 다른 가치에 대한 존중은 모든 가치의 존중으로 이어지며, 결국 퇴폐적이고 방향 감각을 상실한 도덕적 상대주의에 이르게 된다고 말합니다.

> 스스로 생각하라.
> 그리고 다른 이들도 그렇게 할 특권을 누릴 수 있게 하라.
>
> _ 볼테르, 『관용에 관한 논문』, 1763

관용의 역설

관용이라는 개념의 양면성은 역설로 나타나기도 합니다. 관용의 의미 중 하나는 당신이 어떤 일을 할 수 있지만 그렇게 하지 않기로 선택한 상황에서, 당신이 반대하는 일들을 참아내는 것입니다. 당신에게 요구되는 관용의 성노는 낭신이 반대하는 정도와 비례합니다. 쉽게 말해, 당신이 매우 불쾌하게 느끼는 일에 개입하지 않도록 높은 수준의 관용을 보여야 합니다. 따라서 나쁜 일이 일어나도록 내버려두는 것이 좋은 일이고, 더 나쁜 일일수록 더 좋은 일이 됩니다.

흔히 그렇듯 관용을 미덕으로 여기고, 일어나도록 허용한 일이 도덕적으로 잘못되거나 나쁜 것이라면 이 역설적인 결론은 더욱 이상해집니다. 이러한 해석에 따르면, 도덕적으로 나쁜 일이 일어나도록 내버려두는 것이 도덕적으로 좋은 일입니다. 더 나쁜 일일수록 미덕은 더 크게 발휘됩니다. 하지만 나쁜 일이 일어나도록 내버려두는 것이 어떻게 도덕적으로 좋은 일일까요? 만약 당신이 그 일이 일어나지 않도록 멈출 수 있다면 당연히 멈춰야 하지 않을까요?

자유주의적 해법

이 역설에 대해 자유주의에서는 두 가지 방식으로 대응합니다. 첫 번째 대응 방식은 볼테르가 자신의 『철학 사전Philosophical Dictionary』(1764)에서 관용에 관해 쓴 글의 마지막 부분에서 세련되게 묘사한 것입니다.

> 우리는 모두 연약하고 일관성이 없고 변덕스럽고 오류에 빠지기 쉬우므로, 서로에게 관용을 베풀어야 한다. 바람 때문에 진흙 속에 깔린 갈대 하나가 반대 방향으로 쓰러진 동료 갈대에게 "내가 기어가듯 기어가라, 비참한 자여. 그렇게 하지 않으면 너는 뿌리째 뽑혀 불에 타 죽게 되리라"라고 해야겠는가?

관용이 미덕이라면 인간의 불완전성은 이를 위한 어설픈 토대처럼 보일 수도 있습니다. 자유주의 전통에서 더 영향력 있는 대응 방식은 존 스튜어트 밀이 자신의 책 『자유론』(1859)에서 변론한 내용입니다. 그는 다음과 같이 주장합니다.

> 자신의 삶을 자기 방식대로 살아가는 것이 가장 좋다. 그 방식이 최고이기 때문이 아니라, 자신의 방식이기 때문에 최고인 것이다. 인간은 양*과 다르다. 그리고 양들조차도 서로 똑같지 않다. 사람은 자기 몸에 꼭 맞는 외투나 장화를 얻을 수 없다. 물론 외투나 신발을 자기 치수에 꼭 맞추거나 모든 치수의 외투나 신발을 구비한 창고가 있는 경우는 예외지만 말이다. 자신에게 맞는 코트를 찾는 것보다 인생을 찾는 일이 더 쉬울 수 있겠는가?

밀은 관용에 대한 두 가지 타당한 이유를 제시합니다. 첫째, 그가 본질적으로 가치 있게 여기는 '인간의 다양성'입니다. 둘째, 개인이 스스로 인생의 선택을 할 수 있게 하는 능력인 '인간의 자율성'에 대한 존중입니다.

밀과 볼테르는 공통적으로 관용을 베풀어야 하는 대상은 절대적인 의미에서 결코 잘못된 것이 아니라고 가정합니다. 살인자에게 관용을 베풀어야 한다고 말하는 사람은 없을 것입니다. 하지만 볼테르가 주장한 것처럼 다른 사람들을 위해 법을 제정할 수 있는 위치에 있는 사람은 아무도 없습니다. 밀이 제안한 대로 우리 각자가 스스로 선택하도록 내버려두어야 합니다. 물론 관용에는 한계가 있지만, 일반적으로 자신의 행동과 신념이 다른 사람들에게 피해를 주지 않는다면 자신이 좋아하는 일을 하거나 생각할 수 있도록 허용해야 합니다.

문화의 충돌

종교적인 관점에서, 적어도 근본주의적인 관점에서 관용의 문제는 절대적으로 틀린 일과 옳은 일이 많을 것입니다. 만약 당신이 로마 가톨릭 신자라면 낙태는 절대적으로 잘못된 일입니다. 이슬람교도라면 예언자 마호메트^{Mahomet}의 사진을 출간하는 것은 절대적으로 잘못된 일입니다. 보통은 신의 말씀이 담긴 성서에서 그렇게 말하거나 해석하기 때문에 그러한 것들은 잘못된 일입니다. 성서에 담긴 진리는 사람들이 믿을지 말지 선택할 수 있는 문제가 아니므로, 이에 반대하는 사람에게 관용을 베풀 수 없습니다.

이는 근본주의적인 관점이지만 대부분의 종교가 근간으로 삼는 논리와도 상당히 일치할 것입니다. 예를 들어 기독교와 이슬람교는 모두 하나의 참된 신앙을 주장하지만, 두 종교의 주장이 동시에 옳을 수는 없습니다. 이 종교들은 본질적으로 적대적입니다. 역사 전반에 걸친 십자군 전쟁, 종교 재판, 지하드^{jihād}('성전'이라는 뜻으로, 이슬람교의 신앙을 전파하거나 방어하기 위해 벌이는 이교도와의 투쟁을 이르는 말 — 옮긴이),

파트와fatwā(이슬람교 지도자가 내리는 신학적 견해 — 옮긴이)에 관한 이야기는 일탈이 아니며, 서로를 용납하지 않는 것은 당연합니다. 진리는 매우 중요하므로 충성스러운 추종자들이 자신의 견해를 다른 사람에게 강요하는 일을 의무로 삼는 것이 종교 논리에서는 합리적입니다.

관용이라는 자유주의적 이상은 다른 사람에게 피해를 주지 않는다고 전제하며, 종교적인 신앙을 포함해 어떤 신념도 가질 수 있는 자유를 포함합니다. 하지만 종교들 사이에 적대감이 존재한다는 사실은, 자유주의 국가 내에서 이러한 권리와 자유를 누리고 있는 종교 추종자들이 갈등을 겪을 수밖에 없다는 뜻입니다. 이러한 위험에 대한 자유주의적 해독제는 바로 세속주의입니다. 종교와 국가를 명확히 분리하고 시민들이 편견 없이 평등하게 만날 수 있는 중립적인 공적 공간을 허용하는 것입니다. 그러나 근본주의적 관점에서 순전히 세속적인 국가라는 개념은 관용 그 자체 못지않게 용납할 수 없는 것이며, 여전히 논쟁의 여지가 남아 있습니다.

17

인간의 존엄성 대 관습의 도구
권리

사람은 어떤 대우를 받아야 할까요? 행동은 어떻게 제한해야 할까요? 이러한 질문에 답할 때 우리는 보통 권리에 호소합니다. 권리란 사람이 누릴 자격이 있는 좋은 것과 피해야 하는 나쁜 것이 있다는 개념입니다. 이 권리는 인간이 존엄하므로 모든 사람에게 부여되는 자연적인 것이라고 흔히 알려져 있습니다. 하지만 실제로 권리의 본질과 지위에는 논쟁의 여지가 있습니다.

권리는 의무나 원칙 같은 다른 윤리적 개념과 연결됩니다. 만약 살인이 잘못된 행위라면 살인을 하지 말아야 할 의무가 있다는 뜻입니다. 사람에게는 생명에 대한 권리인 생명권이 있습니다. 만약 도둑질이 잘못된 행동이라면 도둑질을 하지 말아야 할 의무가 있다는 뜻입니다. 사람에게는 자신의 소유물을 지킬 권리인 재산권이 있습니다. 즉 살인과 도둑질이 잘못된 행동이라는 원칙에는 생명권과 재산권이 포함되어 있습니다. 이처럼 우리가 해야 할 일과 하지 말아야 할 일을 설명하는 도덕 체계는 권리들이 서로 맞물리고 중첩되어 복잡한 구조를 이루고 있습니다.

오늘날에는 윤리적 권리, 법적 권리, 사회적 권리, 비공식적 권리 등 놀라울 만큼 다양한 권리를 인정하거나 주장합니다. 이 모든 권리는 특권, 권한, 면책권, 청구권이라는 네 가지 기본 유형으로 이해할 수 있습니다.

권리의 본질

어떤 일을 하지 말아야 할 의무가 없다면 그 일을 할 수 있는 '특권 또는 자유권'이 있는 것입니다. 당신의 생각을 자유롭게 표현하는 데 법적으로나 다른 방식으로 금지되어 있지 않다면, 당신에게는 표현의 자유를 누릴 수 있는 특권이 있는 것입니다.

제3자가 당신을 상대로 어떤 일을 해야 할 의무 또는 하지 말아야 할 의무가 있다면 당신에게는 '청구권'이 있는 것입니다. 어린이에게는 부모가 자신을 충분히 돌보고 학대하지 않도록 요구할 청구권이 있습니다. 청구권에는 그에 상응하는 의무가 있다는 뜻이며, 이 경우에는 부모가 아이를 적절하게 보살펴야 하는 의무가 있는 것입니다.

당신이 자신 또는 다른 사람의 권리를 변경할 자격이 있다면 당신에게는 '권한'이 있는 것입니다. 재산권은 재산을 다른 사람에게 팔거나 넘겨 줌으로써 그 권리를 종료할 수 있는 권한을 의미합니다. 사생활과 익명성을 지킬 권리는 그러한 권리를 포기할 수 있는 권한을 뜻합니다.

만약 제3자에게 어떤 식으로든 당신의 권리를 변경할 수 있는 권한이 없다면, 당신은 제3자에 대한 '면책권'이 있는 것입니다. 미국「수정헌법Amendments」제5조(1789)에 따르면, 증인은 자신이 유죄임을 드러내는 증거를 제출하도록 강요받을 수 없습니다. 이 권리가 자신에게 불리한 진술을 하도록 강요받지 않을 면책권입니다.

으뜸패 문제

권리에는 일반적으로 다른 고려 사항을 무시할 수 있는 특별한 힘이 있다고 여겨집니다. 권리는 '으뜸패trump'라고도 하는데, 이 으뜸패에는 다른 어떤 이유보다 우선권이 있습니다. 예를 들어 공정한 재판을 받을 권리는, 국가 안보상의 이유로 사람들을 재판 없이 투옥하면 안 된다는 충분한 이유가 됩니다. 마찬가지로 생명권은 많은 무고한 생명을 구할 수 있다고 해도 한 명의 무고한 사람을 희생시키면 안 된다고 요구합니다.

하지만 실제로는 문제가 그렇게 간단하지 않습니다. 먼저 권리들은 서로 충돌하고 경쟁합니다. 예를 들어 언론에 있는 표현의 자유는 개인의 사생활을 보호할 권리를 침해할 수 있습니다. 으뜸패인 왕은 늘 왕비를 이기지만, 어떤 상황에서는 하나의 권리가 다른 권리를 이길 수도 있고 다른 상황에서는 그렇지 않을 수 있습니다. 현실은 복잡합니다. 언론이 누군가의 사생활을 침해한다면 공익이 정당화되는 경우도 있지만 그렇지 않을 때도 있습니다. 권리는 특정 행동 방침에 좋은 근거가 될 수 있지만, 그 근거가 결정적인 경우는 거의 없습니다. 명료한 지침을 제공하는 것이 권리의 매력입니다. 하지만 확실성과 명료성을 잃어버리면 그 매력도 함께 사라집니다.

권리의 기초

권리는 인간에게 자연적으로 부여된 기본 자격이기 때문에 다른 고려 사항보다 존중해야 한다는 견해가 일반적입니다. 이러한 권리는 합리성이나 자율성 같은 인간의 본질적 속성에 뿌리를 두고 있기 때문에 당연합니다. 우리에게는 인간으로서 타고난 존엄성이 있습니다. 권리는 우리의 본질적 가치를 표현하거나 반영하며, 권리를 침해하는 것은 바로 우리의 가치를 떨어뜨리는 일입니다.

권리를 그 자체로 존중할 가치가 있다고 보는 관점은, 이마누엘 칸트 시기까지 거슬러 올라가는 의무를 기반으로 한 의무론적 윤리 전통에 자리 잡고 있습니다. 인간을 수단이 아닌 목적으로 대해야 한다는 칸트의 정언 명령은 인간의 존엄성에도 비슷한 의미를 부여합니다(5장 〈칸트 윤리학〉 참고). 권리를 가진 자의 본질에서 출발하는 이 접근법은 결과주의자에게는 적합하지 않습니다. 결과주의자는 다른 경우와 마찬가지로 결과부터 살펴보고 그 권리의 성격을 결정해야 한다고 주장하기 때문입니다. 대표적으로 공리주의의 선구자인 제러미 벤담은 자연권을 "단순한 난센스 … 자연적이고 소멸할 수 없는 또는 양도할 수 없는 권리는 수사학적 난센스"라고 표현한 것으로 유명합니다. 벤담은 권리를 '법의 자녀', 즉 인간 관습의 문제로 보았습니다. 이러한 관점에서 권리는 본질적으로 도구적입니다. 또한 다른 모든 것들과 마찬가지로 벤담의 견해에 따라 효용 또는 인간 행복의 측면에서 측정할 수 있는 최적의 상태를 만들어 내는 경향이 있다면 정당화됩니다.

> 모든 인간은 태어날 때부터 자유로우며 그 존엄과 권리는 동등하다.
> 인간은 천부적으로 이성과 양심을 부여받았으며
> 형제애의 정신으로 행동해야 한다.
>
> – 유엔 세계인권선언, 1948

행위자의 이기주의

권리의 측면에서 도덕을 이해하면 관심의 대상은 '행위'에서 권리의 소유자인 '행위자'로 옮겨갑니다. 사람과 그 사람에게서 비롯된 결과에 집중하는 것에는 장점이 있습니다. 인권 운동은 넓은 의미에서 철학자들과 혁명가들 덕분에 과거 어느 때보다 인간의 존엄성이 높아진 계몽주의에 기원을 두고 있습니다. 하지만 개인에게 초점을 맞추다 보니 개인주의가 나타나고 자선과 자비 같은 사회적 덕목을 무시한다는 공통된 비판도 있었습니다. 전자와 어느 정도 관련 있는 또 다른 비판도 제기되었습니다. 의무보다는 권리에만, 즉 줄 것보다 받아야 하는 것에만 관심을 갖다 보니 이기주의와 의존의 문화가 조장되었다는 것입니다.

심리적 이기주의, 자기 만족의 욕구
이타주의

자신의 이익에는 관심을 두지 않고 다른 사람의 이익을 도모하는 이타주의alturism라는 개념은 종교적, 철학적으로 윤리학에서 늘 중추적인 역할을 담당했습니다. 이타적인 행동은 관용, 자비, 자선 행위로 다른 사람에게 이익을 주는 개인뿐만 아니라 장학금, 복지 정책, 대외 지원, 재난 구호 등을 책임지는 국가 같은 추상적인 기관에서도 볼 수 있습니다.

종교 윤리에서 다른 사람에게 친절을 베푸는 이타주의나 자비는 명백히 선한 것이라고 여겼습니다. 예를 들어 이웃 사랑은 기독교 윤리의 초석입니다. 하지만 철학적으로 이타주의라는 개념에는 다소 논쟁의 여지가 있습니다. 먼저 자선의 도덕적 가치에 대한 의구심을 제기합니다. 돈이나 다른 재화가 충분히 많은 사람과 부족한 사람 사이에 본질적으로 불평등 관계가 있다는 사실을 암묵적으로 인정한다는 점 때문입니다. 이로 인해 이타주의가 사회적 불균형이나 역기능이 겉으로 드러나지 않도록 가리는 '눈속임'으로 작용할 수도 있습니다.

> 사람이 자발적 행위를 하는 목적은 결국 그 자신에게 유익하기 때문이다.
>
> _토머스 홉스, 1651

이타주의에 대한 의문

자선 행위가 의무 사항인지에 대해서도 논란의 여지가 있습니다. 아리스토텔레스가 생각한 것처럼 정의가 사람들에게 정당한 의무를 부여한다면, 정의롭게 행동해야 할 의무가 있는 것 같습니다. 만약 사람들에게 마땅히 받아야 할 것보다 더 많이 주는 일이 자선이라면, 자선을 베푸는 일은 도덕적인 관점에서 의무를 초월한 행위이거나 선택 사항인 것 같습니다. 이는 도덕적 이상일 수는 있어도 의무는 아닙니다. 이와 달리 다른 사람에게 자선을 베푸는 일이 도덕적 요구 사항이라고 주장하는 철학자들도 많습니다. 그렇다면 자선은 얼마나 필요할까요? 자선은 어느 정도까지 베풀 수 있고 또 베풀어야 할까요?

좀더 근본적으로 이타주의가 실제로 존재하는가에 대한 철학자들의 의견은 오랫동안 분분했습니다. 플라톤의 스승인 소크라테스Socrates와 논쟁을 벌인 고대 그리스의 몇몇 소피스트sophist는 다른 사람에게 자선을 베푸는 것은 실제로 거짓된 행동이고, 그 이면에는 진짜 동기인 사리사욕이 자리 잡고 있다고 생각했습니다. 최근 일부 철학자들도 자신의 이익에 대한 관심, 즉 심리적 이기주의만이 자선의 동기를 부여한다고 주장했습니다. 19세기의 프리드리히 니체와 20세기의 아인 랜드Ayn Rand 등 몇몇 철학자는 이타주의를 노골적으로 거부하고, 사람들은 자기 이익을 위한 일을 해야 한다는 윤리적 이기주의를 지지했습니다.

> "사람들은 종종 의식적으로 자신의 이익에 반하는 행동을 한다."
> ─ 데이비드 흄, 1740

사리사욕 대 이타심

모든 이타적 행위는 이기심에서 비롯된다는 사실을 보여 주기 위해 일반적으로 이용되는 비공식적인 논리가 있습니다. 당신이 누군가에게 1만 원을 주어 그 사람을 돕는다면, 당신에게는 분명히 그를 돕겠다는 동기가 있는 것입니다. 당신에게는 어떤 의미에서 그를 돕고 싶은 욕구가 있어야 하고 그를 도우면서 그 욕구를 채웁니다. 그렇다면 만약 당신이 자신의 욕구를 채우는 방식으로 행동한다면, 그 행동은 다른 사람을 배려하는 마음이 아니라 자기 이익을 위한 행동일까요? 이 논리에 따르면 모든 행동은 이기적입니다. 따라서 심리적 이기주의는 참이고 이타주의는 불가능한 것으로 정의됩니다.

이 주장의 최대 결점은 행동의 동기를 충분히 이해하지 못한다는 것입니다. 비록 두 행위자가 사리사욕으로 동기가 부여되었더라도,

우리는 아무런 대가를 기대하지 않고(돕고 싶은 욕구를 채우는 것은 제외) 1만 원을 주는 사람과, 잔디를 깎아 줄 것이라고 기대하고(돕고 싶은 욕구도 채우는 것) 1만 원을 주는 사람을 구별합니다. 결국 무엇이 사람들에게 동기를 부여하는지, 즉 무엇이 '그들을 움직이게 만드는지' 모를 수 있습니다. 하지만 말의 의미를 넘어 실제로 세상이 어떻게 돌아가는지 살펴보면 분명 더 나은 추측을 할 수 있습니다.

정치 이론가 토머스 홉스는, 국가가 등장하기 전의 자연 상태에서 사람들이 본래 이기적으로 자신의 몸을 지키는 것에만 관심이 있다고 가정하므로 심리적인 이기주의자로 자주 인용됩니다(10장 〈사회 계약〉 참고). 홉스의 견해에 따르면 인간은 '기본적으로' 이기적인 존재지만, 사회를 이루고 협력하는 것만이 확실한 생존 수단이기 때문에 그렇게 살아가는 것입니다. 그러나 한편으로는 인간이 본질적으로 '사회적' 동물이라는 것을 보여 주는 과학적이고 경험적인 증거들이 많습니다. 이러한 문제에서 확실성은 적절한 표현이 아닐 수 있지만, 우리는 아마도 "자연과 경험의 목소리는 확실히 이기주의 이론에 반대하는 것 같다"라며 홉스에 맞서 주장한 데이비드 흄^{David Hume}의 견해에 동의할 가능성이 높습니다.

19

사회적 동물의 또 다른 자아
우정

아리스토텔레스는 다음과 같이 말했습니다. "인간은 정치적 존재이고 다른 사람들과 함께 살아가는 것이 본성이기 때문에, 혼자서 즐겨야 한다면 아무리 좋은 일도 선택하지 않을 것이다. 그러므로 행복한 사람은 다른 사람들과 함께 살아간다. 왜냐하면 자연스럽게 좋은 모든 것을 가질 수 있기 때문이다. 그리고 낯선 사람이나 우연히 알게 된 사람보다는 가까운 친구나 좋은 사람과 시간을 보내는 것이 확실히 더 낫다."

『니코마코스 윤리학Nicomachean Ethics』에서 그리스의 철학자 아리스토텔레스는 우정이 좋은 인생의 필수 요소라고 주장합니다. "운이 좋을 때 친구가 무슨 필요 있겠는가"라는 격언을 인용하면서 친구는 어려울 때만 필요하다는 견해에 맞섭니다. 우정은 인간 활동의 참된 목적인 자기 이해와 에우다이모니아, 즉 행복에 이르도록 돕는 최고의 자산이라고 주장합니다.

> "친구란 무엇인가? 두 몸에 깃든 하나의 영혼이다."
>
> — 아리스토텔레스, 기원전 4세기

이기주의의 해독제

친구는 '또 다른 자아'라는 아리스토텔레스의 주장은 이후 우정에 대한 많은 분석에 영향을 미쳤습니다. 즐거움이나 이익을 위해 맺어지는 우정도 있습니다. 하지만 진정한 우정은 개인과 개인의 유대, 마음의 결합, 서로가 서로를 원하는 정체성의 공유로 표현되기도 합니다. 관심사와 가치관이 같다면 우정으로 발전할 수 있고 관계가 성숙해지면 각자의 인격도 점차 높아집니다.

아리스토텔레스를 비롯한 철학자들은 진정한 우정은 자신의 이익만큼 다른 사람의 이익에도 관심을 보인다는 점이 중요하다고 생각합니다. 우리는 자신을 사랑하는 만큼 친구를 사랑하고, 온전히 친구가 잘되기를 바랍니다. 우정의 핵심인 다른 사람의 행복에 대한 관심은, 인간 활동의 주된 동기가 이기주의라는 견해에 해독제로 작용합니다. 오히려 우정은 인간이 본래 이타적이고 사회적인 존재라는 생각을 뒷받침합니다(18장 〈이타주의〉 참고).

윤리 이론의 옥에 티

우정의 또 다른 중요한 점은 친구가 서로에게 도움을 요청할 수 있다는 것입니다. 이런 점에서 친구는 가족과 비슷합니다. 보통 말하지 않아도 크든 작든 도움이 필요할 때면 친구나 가족이 도와줄 것이라고 믿거나 기대합니다. 예를 들어 당신은 자선의 목적에 전혀 공감하지 않더라도 자선 걷기 대회에 참가하는 친구를 도울 수 있습니다. 그래서 유기견의 신발을 사기 위한 모금 운동에 동참한 이유를 물어본다면 "우정 때문에" 그랬다고 대답할 것입니다. 당신이 그 일을 한 이유, 해야 한다고 생각한 이유는 그 일이 선하거나 유기견이 불쌍해서가 아닙니다. 이때 유일한 동기는 부탁한 사람과 당신의 관계입니다.

다시 말해 우리는 사람들이 친구나 가족에게 호의를 베풀고 편을 들어줄 것이라고 기대합니다. 상식적으로 친구에 대한 특별한 의무, 개인적인 배려에 따른 의무가 있다는 뜻입니다. 하지만 이는 특정한 경우나 개인적인 경우보다 보편적인 것을 우선시하는 윤리 이론에서 문제가 됩니다. 공리주의자 같은 결과주의자는 최선의 상태를 이룰 수 있는 일은 무엇이든 해야 한다고 말합니다(여기서 '최선'은 효용, 행복 등에서 가장 큰 순이익을 뜻합니다). 의무에 기초한 도덕을 옹호하는 의무론자는 우리가 해야 할 특정한 일, 즉 그 자체로 옳은 일이 있다고 주장합니다. 어떤 접근법도 우정의 필수 요소인 부분적이고 개인적인 관심사와는 일치하지 않습니다.

따라서 이런 이론들은 어떤 면에서 부족해 보이기도 합니다. 또 친구이기 때문에 친구를 위해 해야 할 일이 있다는 상식적인 견해에는 근거가 없는 것처럼 보입니다. 최소한 그 이론들이 타당하다면 우정의 의무는 확실히 도덕적 의무가 아니어야 합니다. 그리고 우정과 도덕이 충돌하는 지점에서는 필연적으로 우정이 어떤 의미에서 부도덕한 것이어야 합니다.

친구에게 호의를 베풀지 말아야 하는 상황에서도 호의를 베푸는 경우가 분명히 있습니다. 부모가 자녀에게 호의를 베풀지 말아야 하는 경우도 마찬가지입니다. 그럼에도 윤리 이론은 우리가 하는 많은 일의 동기를 부여하는 '개인적인 고려'를 잘 수용하지 못한다는 사실이 불안할 따름입니다. 우정이라는 개념은 이론가들이 행위자보다 행위에 초점을 맞추려는 경향, 다시 말해 누가 그 일을 하는지보다 무엇을 해야 하는지에 초점을 맞추는 경향이 도덕에 대한 왜곡된 시선으로 이어질 수 있다는 점을 보여 줍니다.

> 선한 사람은 자신을 대하듯 친구를 대한다.
> 친구는 또 다른 자기 자신이기 때문이다.
>
> _ 아리스토텔레스, 『니코마코스 윤리학』, 기원전 4세기

20

한계 없는 이상과 효용의 문제
영웅과 성자

⚖️

군인들이 실제 수류탄으로 훈련을 하고 있었습니다. 그런데 한 군인이 손에 든 수류탄을 실수로 땅에 떨어뜨리는 바람에 주위에 있는 모든 사람의 목숨이 위험해졌습니다. 그런데 군인들 중 한 명이 동료들을 구하기 위해 그 수류탄 위로 자기 몸을 던져 폭발을 막아냈습니다.

이 군인의 행동을 어떻게 평가해야 할까요? 만약 그가 수류탄으로 몸을 던지지 않았어도 우리는 그가 임무에 충실하지 않았다고, 즉 어떤 식으로든 잘못된 행동을 했다고 말하기는 어렵습니다. 또한 자신을 희생하려고 하지 않았다고 해서 다른 군인을 비난하지도 않습니다. 그보다는 희생한 군인을 특별히 칭찬할 것입니다. 마땅히 해야 할 일과 마땅히 할 것이라고 기대하는 일이 의무라면, 그 군인의 용감한 행동은 의무의 요구를 넘어선 것입니다. 우리는 그의 희생적인 행동을 존경하지만, 그가 희생하지 않았어도 그를 비난하지는 않을 것입니다.

초과 의무적 행위

도덕성이 두 가지 수준에서 작동한다고 보는 것은 매우 자연스러운 논리입니다. 한 가지 수준에서 보면, 우리 모두에게 도덕적으로 요구되는 일이 있습니다. 바로 도덕의 최소 기준을 설정하는 기본적인 의무입니다. 이런 의무는 '도둑질하지 말라', '살인하지 말라'처럼 부정문으로 표현합니다. 우리는 자발적으로 이 의무를 지켜야 하고 다른 사람도 그렇게 할 것이라고 기대합니다.

이러한 일반적인 도덕적 의무 외에 더 높은 수준의 도덕적 이상도 있습니다. 도덕적 이상은 긍정문으로 표현하고 제약을 두지 않습니다. 도둑질이나 살인을 하지 않는 것처럼 일반적인 의무가 있는 한편, 넓은 아량처럼 한계가 없는 이상도 있습니다. 이러한 행위는 일반적인 도덕의 요구를 넘어서는 '초과 의무적 행위 supererogatory acts'라는 범주에 속합니다. 이 행위를 하면 칭찬을 받지만 이행하지 않는다고 해서 비난받는 것은 아닙니다. 이 행위를 하는 사람은 영웅과 성자의 영역에 들어갑니다. 이 사람들은 특정한 방식으로 행동해야 한다는 이상을 추구할 수 있으며, 그 이상에 부응하지 못하면 자기 자신을 비난할 수도 있습니다. 그러나 다른 사람도 그러한 이상에 부응할 것이라고 기대할 수 없고, 본질적으로는 스스로에게 개인적인 의무감을 부여한 것입니다.

선한 행위와 선택의 문제

이론적으로 보면, 선한 행위인데 의무 사항은 아니라는 점이 문제가 될 수도 있습니다. 도덕을 어떻게 이해해야 하는가에 관한 이론은 보통 무엇이 선한 것인지에 대한 개념을 기초로 합니다. 무엇이 옳고 그른지도 바로 이 기준에 따라 정의됩니다. 그런데 만약 어떤 행위가 이 기준을 충족한다면, 또 실제로는 뛰어넘는다면 그 일을 할 의무가 없다고 어떻게 말할 수 있을까요?

고전적 공리주의에 따르면 일반적인 효용(벤담과 밀의 견해에 따르면 '행복')을 증가시키는 행위가 선한 행위이고, 어떤 상황에서든 최고의 행위는 최대의 효용을 생산하는 것입니다. 하지만 가능한 한 많은 효용을 생산하는 것이 옳은 일이라면, 옳은 행동 방침은 오직 하나, 효용을 극대화하는 것밖에 없습니다. 이것이 당신이 해야 할 일입니다. 전반적으로 효용을 극대화한다면 매 순간 다른 사람을 위해 봉사하고, 가난한 사람을 돕기 위해 남은 한 푼까지 쓰며, 가족을 포함해 자신의 직접적인 관심사를 무시해도 상관없습니다. 공리주의자에게는 '초과 의무적 행위' 같은 일은 없습니다.

> 평범한 사람은 행동에 휘말리고, 영웅은 행동한다.
>
> _ 헨리 밀러, 미국 작가, 1952

개인적 책무와 의무의 면제

오늘날 이 결론을 받아들이는 헌신적인 공리주의자들이 있습니다. 그들은 어떤 상황에서도 최선의 일, 즉 효용을 극대화하는 일을 하지 않는 것이 허용된다는 점을 부정하고, 이에 따라 우리의 생활 방식을 바꾸어야 한다고 촉구합니다. 물론 문자 그대로든 은유적으로든 자신이 옳다고 생각하는 일을 위해 모든 삶을 바친 성자들은 언제나 있었습니다. 하지만 우리에게 이런 식으로 행동하기를 요구하는 모든 윤리 이론은 결국 대부분의 사람들을 도덕적 실패자로 낙인찍을 수밖에 없습니다. 그렇다고 이론이 틀린 것은 아니지만 너무 이상적인 것 같습니다.

좀더 실용적인 이론가들은 일반적인 도덕과 충돌하며 일어나는 갈등을 해명하거나 축소하려고 합니다. 한 가지 전략은 한 개인이 의무적인 행위를 수행하기 어려운 상황에 대한 면책 또는 경감 조치에 호소하는 것입니다. 수류탄 사건을 예로 들면 우리는 한 군인이 개인적인 위험 때문에 자신을 희생하지 않는 상황을 이해할 수 있습니다. 연못에 빠진 아이를 구하기 위해 팔을 뻗지 않는 것은 부도덕한 일입니다. 그러나 폭풍우가 몰아치는 바다에 빠진 아이를 구하기 위해 바닷속으로 뛰어들지 않는 사람에 대해서는 다르게 생각할 것입니다. 또는 자녀를 부양해야 하는 상황처럼 개인적인 책무 때문에 가난한 사람을 돕는 일에 자신의 재산을 기부하는 의무를 면제받을 수도 있습니다.

우리는 현실에서 늘 이러한 경감 요소에 호소합니다. 하지만 이러한 '개인적인' 고려 사항을 인정하면 윤리 이론의 핵심인 공정성이나 보편성과 충돌하게 됩니다. 물론 어느 쪽이든 배제할 수 있습니다. 갈등이 현실이고 우리가 상식적 직관 등 '일반적인 도덕'과 도덕 이론 중 하나를 개혁해야 한다면, 대부분의 사람들은 도덕 이론을 바꿔야 한다고 말할 것입니다. 그렇다고 해서 대다수의 의견이 항상 옳다는 뜻은 아닙니다. 그러나 공리주의는 개인적인 고려 사항이나 책무를 충분히 감안하는 데 실패하면서 스스로 신뢰성을 심각하게 훼손한다고 생각하는 철학자들도 있습니다(21장 〈진실성〉 참고).

21

도덕 행위자와 개인의 헌신
진실성

숙련된 화학자인 조지는 가족을 돌보기 위해 직업이 절실히 필요합니다. 생화학 무기 연구를 전담하는 실험실에 보수가 좋은 일자리가 생겼습니다. 하지만 조지는 헌신적인 평화주의자이므로 생화학 무기 연구에 몹시 반대합니다. 그는 일자리를 제안받지만, 동시에 자신이 거절하면 그 일에 더 열성적인 다른 후보자가 그 자리를 차지한다는 것을 알게 됩니다. 과연 조지는 이 일을 해야 할까요?

이 문제에 대한 결론은 도덕 이론마다 서로 다를 수 있습니다. 공리주의자는 조지가 그 직업을 가져야 한다고 판단할 것입니다. 그의 양심적인 거부는 가족의 행복이나 다른 후보자가 행할 수 있는 잠재적 해악 등과 비교해 일반적인 효용의 균형을 바탕으로 평가해야 합니다. 반면, 칸트주의자는 이 경우에 살인 행위나 살인을 돕는 행위를 절대적으로 금지하는 것이 중요하고, 아무리 좋은 결과를 가져온다 해도 이에 반대해서는 안 된다고 주장할 것입니다.

이 이야기를 지은 영국의 철학자 버나드 윌리엄스Bernard Williams는 조지가 숙고한 '결과'에는 별로 관심이 없습니다. 즉 이 이론의 대답이 '옳은지', 저 이론의 대답이 '옳은지'에 관심이 없다는 뜻입니다. 그는 오직 도덕 이론 자체의 본질에만 관심이 있습니다. 또한 우리의 도덕적 삶을 체계화하려는 도덕 이론의 야망에 주목합니다. 다시 말해 도덕적 딜레마를 해결하기 위해 원칙과 규칙을 적용하는 깔끔하고 독립적인 구조를 발견하려는, 사실상 발명하려는 야욕에 관심을 가졌습니다. 도덕 이론은 조지 같은 도덕 행위자와 그 행위의 본질적인 관계를 포착하지 못하면서 도덕 행위자의 중요성을 과소평가하거나 무시합니다.

조지의 경우, 도덕 이론은 조지의 도덕적 정체성이 평화주의 같은 개인의 신념이나 기반에 따라 결정되는 것을 인정하지 못합니다. 본질적으로 이러한 신념이나 기반이 조지를 조지답게 만들고 그의 삶에 의미를 부여합니다. 따라서 도덕적 의사 결정 과정에서 이를 제대로 고려하지 않으면 도덕 행위자로서 조지의 '진실성integrity'을 실제로 훼손하게 됩니다.

공허한 관점

윌리엄스가 핵심적으로 반대하는 개념은 칸트주의나 공리주의 같은 윤리 체계의 중심에 있는 공정성입니다. 여기서 말하는 공정성은 우리가 흔히 생각하는 것처럼 도덕적 판단이 편견에 사로잡혀 흐려지거나 왜곡되지 않게 하는 공정성이 아닙니다. 오히려 윤리 이론을 지지하는 사람들의 문제는, 개인의 편향을 피하기 위해 전혀 관점이라 말할 수 없는 관점을 채택하라고 주장한다는 것입니다. 예를 들어 빅토리아 시대의 철학자 헨리 시지윅Henry Sidgwick은 공리주의자가 '우주적 관점point of view of the universe'을 취해야 한다고 주장합니다. 하지만 그러한 관점으로 사물을 보는 것이 도대체 어떤 의미인지 궁금할 것입니다.

윌리엄스의 주장에 따르면 '현실적인' 의사 결정을 할 때, 즉 내가 어떻게 행동해야 할지 결정하는 과정에 관련된 관점 자체가 나 자신과 전혀 상관없다고 전제하는 것은 터무니없는 일입니다. 먼저 도덕이라는 행위는 '본질적으로' 개인의 일입니다. 도덕 행위자에게 개인의 관점을 뛰어넘으라고 요구하고, 사실상 행위에 담길 수밖에 없는 그 사람의 인생을 무시하는 것은 행위자의 본성을 완전히 오해하는 것입니다. 윌리엄스의 말대로 '공정한 행위자impartial agency'는 공허한 말이 되고 공리주의는 개인의 고유한 분리성을 인정하지 못합니다.

조지의 사례에 대한 공리주의의 설명이 부적절한 이유는 공정성을 잘못 이해하고 있기 때문입니다. 또 다른 예를 들어 봅시다. 어느 집에 불이 났습니다. 한 방에는 당신의 두 자녀가 갇혀 있고, 다른 방에는 당신이 모르는 세 아이가 갇혀 있습니다. 당신에게는 한쪽 방에 있는 아이들만 구출할 시간이 있습니다. 우주적 관점은 당신만의 특수한 인간관계를 인정하지 않기 때문에, 이 경우에도 낯선 세 아이를 구해야 한다고 말할 것입니다. 공리주의자는 개인의 헌신 자체가 효용의 원천이라고 주장할 것입니다. 그러나 이러한 헌신이 과소평가되었을 뿐만 아니라 기본적으로 잘못 이해되었다는 의심을 떨쳐 낼 수 없습니다.

> "진실성에는 규칙이 필요 없다."
> _ 알베르 카뮈, 「시시포스의 신화」, 1942

무리한 요구

도덕 이론의 또 다른 전형적인 문제는 일반화를 통해 단순화하는 경향입니다. 이러한 이론들은 본질적으로 복잡한 것을 간소화하기 위해 준법적인 측면으로 체계화하려고 합니다. 다시 말해 더 일반적인 의무를 들어 특정한 도덕적 의무를 정당화하려 하며, 당면한 사례는 일반적인 의무의 한 가지 사례로 설명할 수 있다는 것입니다. 공리주의의 경우, 효용의 기준을 전면적으로 적용하다 보면 우리가 하는 일뿐만 아니라 하지 않는 일에도 책임을 져야 하는 '일반화된 책임'으로 이어집니다. 만약 내가 토요일 오후에 자선기금을 마련하기 위한 행사에 참여하는 대신, 축구 시합에 참가하기로 선택한다면 내 손에 묻은 피를 발견하게 될 것입니다. 왜냐하면 그 선택의 결과로 내가 도덕적으로 책임져야 할 수많은 기근과 죽음이 발생하기 때문입니다.

도덕적으로 무관심한 영역, 보통 도덕적으로 의미가 없다고 생각되는 많은 영역은 극적으로 축소되고, 우리는 '요구받지' 않은 행동을 하지 말아야 할 상황에 처하게 될 것입니다. 우리의 과중한 양심이 인생을 완전히 바꾸라고 강요할 수도 있습니다. 공리주의자는 이러한 개혁을 환영하겠지만(아무도 도덕은 쉽다고 말하지 않았습니다), 우리 대부분에게 이렇게 요구한다면 결국 실패로 끝날 것이 거의 확실합니다.

3부

악덕과
악한 것의 기준

22

시민의 권리 보호 대 사회의 분노
범죄와 처벌

범죄는 "국가의 실패를 보여 주는 척도이며, 모든 범죄는 공동체의 범죄"입니다. 20세기 초 사회 비평가로 변신한 영국의 작가 허버트 조지 웰스Hebert George Wells가 쓴 글입니다. 웰스의 글에는 사회 전체가 동의한 법을 준수함으로써 사회 질서를 유지하는 것이 국가의 주요 목적이라는 공통된 견해가 반영되어 있습니다. 이러한 법을 위반하는 범죄는 사회 질서를 어지럽히고 국가 권력에 대한 명백한 도전으로 간주됩니다. 따라서 국가의 정당성은 범죄를 예방하는 능력에 달려 있습니다.

법을 위반하는 사람들을 처벌하는 것은 국가가 범죄와 싸우는 주요 방법 중 하나입니다. 하지만 다른 관점에서 보면 처벌이라는 제도에는 혼란스러운 점이 있습니다. 국가의 정상적인 의무는 시민의 권리를 보호하는 것입니다. 다시 말해 시민을 위험으로부터 보호하고 이동의 자유를 보장하며 정치적 견해를 온건하게 표현할 수 있도록 보장하는 것입니다. 국가는 오로지 처벌의 맥락에서만 구성원에게 해를 가하는 것이 적절하다고 생각합니다. 즉 이동과 발언의 자유를 제한하고 심지어 생명을 박탈하는 것까지 가능합니다. 보호와 처벌이라는 국가의 두 가지 기능은 꼭 필요한 것 같지만 서로 충돌하기도 합니다.

어떤 사람들은 문명 사회에서 제도화된 처벌을 적용하는 것을 용납할 수 없다고 생각합니다. 국가가 범죄자를 처벌하는 행위 자체가 국가 스스로 범죄자 수준으로 비굴해지는 것과 같다고 주장합니다. 예를 들어 1891년 오스카 와일드Oscar Wilde는 사회가 "가끔 발생하는 범죄보다 습관적으로 처벌을 사용함으로써 더 무한하게 잔인해진다"라고 썼습니다. 그렇다면 국가가 처벌의 형태로 국민에게 해를 가하는 것은 도덕적으로 어떻게 정당할까요?

필요악

보통 '자유주의적liberal'이라고 불리는 관점은 현실주의적이고 공리주의적입니다. 처벌은 필요악이며, 처벌함으로써 얻게 되는 사회적 이익은 처벌로 인한 고통보다 크기 때문에 정당화됩니다. 영국의 철학자 제러미 벤담은 "모든 처벌은 해악이고 그 자체로 악하다"라고 주장했습니다. 살인자나 중범죄자기 투옥되면 그만큼 사람들에게 미치는 위험이 줄어든다는 점은 분명한 이익입니다. 처벌의 또 다른 이점은 범죄 억제 효과가 있다는 것이지만, 이것도 말처럼 쉬운 일은 아닙니다. 정의의 차원에서, 누군가가 이미 저지른 범죄에 대해 처벌하는 것만으로 그치지 않고 다른 사람의 범죄를 예방하기 위해 누군가를 처벌하는 것이 과연 정당한지 의문입니다. 실용적인 차원에서, 범죄자가 되는 것을 단념하게 만드는 데 꼭 처벌이 효과적인 방법은 아니라는 증거가 있으므로 범죄 억제 효과에 대해서도 의문이 제기됩니다.

아마도 자유주의적 관점에서 볼 때 처벌을 찬성하는 가장 설득력 있는 주장은, 범죄자가 사회에서 온전하고 유용한 구성원이 될 수 있도록 교정하고 재교육할 수 있다는 희망입니다. 하지만 이 경우에도 어쨌든 현재 시행되고 있는 대부분의 처벌 제도가 이처럼 긍정적인 결과를 이끌어 낼 수 있을지 의구심이 듭니다.

아니면 응분의 대가?

또 다른 주요 전통에서 처벌은 범죄에 대한 징벌로서 정당화됩니다. 따라서 처벌함으로써 얻을 수 있는 이점과는 상관없이 그 자체로 선한 것입니다. 모든 사람은 사회의 규칙을 준수해야 할 의무가 있으므로 이를 따르지 않는 사람은 반드시 대가(빚)를 치러야 합니다. 경미한 범죄를 저지른 사람은 벌금을 냄으로써 말 그대로 사회에 '빚을 갚을' 수 있습니다. 하지만 좀더 심각한 경우에는 자유를 잃거나 일부 지역에서는 생명을 잃는 등 더 큰 대가를 치러야 합니다. 여기서 정의는 사람들이 마땅히 받아야 할 것을 받는 것이라는 생각이 기본입니다. 두 경우 모두 처벌받아 마땅하고 처벌을 통해 균형을 회복할 수 있습니다.

좀더 급진적으로는 "처벌은 범죄에 적절해야 한다"라는 견해가 널리 퍼져 있습니다. 이는 범죄와 처벌은 가볍고 무거운 정도뿐만 아니라 종류도 동등해야 한다는 의미로 받아들일 수 있습니다. 예를 들어 사형을 옹호하는 사람들은 생명을 빼앗은 행위에 대한 유일하고 적합한 보상이 사람을 죽인 자의 생명을 빼앗는 것이라고 주장합니다(23장 〈사형〉 참고). 하지만 이 방식을 다른 범죄에 적용하면 설득력이 떨어집니다. 예를 들어 협박범이 협박이라는 처벌을 받아야 한다고 주장하는 사람은 거의 없기 때문입니다.

이 접근 방식을 적용할 때 가장 큰 문제는 도덕적인 징벌과 도덕적으로 받아들일 수 없는 복수를 명확하게 구분할 수 있도록 거리를 유지하는 것입니다. 처벌이 특정 행위에 대한 사회의 혐오나 분노를 표현하는 것이라는 반대 의견도 제기할 수 있지만, 징벌을 충동적인 복수 정도로만 여긴다면 처벌이 정당하다고 보기는 어렵습니다.

> 정의의 개념은 어떤 선한 사회에서도 신성시되어야 한다. … 범죄와 부도덕한 삶은 실패한 국가의 기준이며, 결국 모든 범죄는 공동체의 범죄다.
> _ 허버트 조지 웰스, 『모던 유토피아』, 1905

불안한 타협

처벌을 분석하면서 허점은 쉽게 찾아낼 수 있습니다. 범죄자가 사람들에게 위험하지 않거나, 교정이 필요 없거나, 범죄자의 처벌에 억제 효과가 없다는 반증을 들어 처벌이 부적절하다는 점을 보여 주면 됩니다. 이러한 이유로 처벌과 형벌 정책의 정당화는 산발적으로 접근하는 경향이 있고, 원칙적 문제뿐만 아니라 좀더 일상적이고 실질적 고려 사항을 기반으로 합니다. 원칙적으로 옳다고 여기는 것을 지키기 위해 실제로 효과가 있다고 주장하는 방법들을 사용하는 것입니다. 최근 몇몇 이론가들은 이러한 접근 방식을 적용하고 공리주의적 요소와 응보주의적 요소를 결합해서 혼합적 처벌 이론을 제시합니다. 이 분석은 대다수의 사람들이 처벌을 어떻게 생각하는지 매우 정확하게 묘사합니다. 하지만 그 이론이 처벌을 완벽하게 설명하거나 정당화하는지는 명확하지 않습니다.

23

행동의 대가, 불완전한 제도
사형

법정에서 내린 판결에 따라 고대와 현대를 막론하고 전기의자형, 교수형, 독가스형, 참수형, 투석형, 총살형, 약물 주사형 등 다양한 방법으로 매년 수천 명의 생명이 사라집니다. 전 세계적으로 사형 건수는 감소하고 있지만, 여전히 50여 개국에서 사형이 적극적으로 집행됩니다. 모두가 인정하듯이 세계에서 가장 활발하게 사형을 집행하는 국가는 중국입니다. 중국에서는 매년 수천 명이 사형에 처해지는데, 이는 다른 나라들에서 집행되는 사형 건수를 모두 합친 것보다 많습니다.

사형 제도에 대한 견해는 매우 첨예하게 대립되며, 이 형벌의 집행에 대한 정당성은 좀처럼 단순하게 생각할 수 없습니다. 예를 들어 사형 찬성론자들은 살인자를 죽이는 것이 도덕적으로 옳다고 주장합니다. 이들은 사형 제도가 사회적으로 좋은 결과를 가져온다면서 자신들의 주장을 뒷받침합니다. 이와 비슷한 맥락에서 사형 반대론자들은 사형 제도 자체가 잘못되었다면서, 사형 제도는 사회에 유익하기는커녕 해로운 결과를 가져온다고 주장합니다.

눈에는 눈, 이에는 이

사형이 그 자체로 좋은 처벌 방식이라는 생각은 본질적으로 응보적인 정의 관념을 반영합니다. 법과 도덕은 사람들이 자신의 행동에 책임을 지고 자신이 한 일에 대한 대가를 치러야 한다는 사실을 토대로 합니다. 따라서 보통은 살인을 가리키지만 때로는 다른 범죄도 포함할 수 있는 가장 심각한 범죄를 저지른 범죄자는 자신의 생명을 궁극적인 대가로 치르는 것이 옳습니다. 종교적 교리가 응보적인 사례를 뒷받침하는 데 사용되는 경우도 있습니다. 예를 들어 히브리 성경에서 탈리오의 원칙lex talionis(보복의 법칙)에 따르면 '눈에는 눈, 이에는 이', 죽음에는 죽음처럼 범죄에 적절한 처벌을 내려야 합니다.

사형 반대론자들은 탈리오의 원칙에 따라 처벌하면 강간범은 강간해야 하고 가학적 고문범은 고문해야 한다는 등의 이상한 결론으로 이어진다고 지적할 수 있습니다. 사형 찬성론자들은 주로 종교계의 지지를 받습니다. 대부분의 종교에서는 살인이 잘못된 행동이라고 가르칩니다. 같은 히브리 성경에는 "살인하지 말라"라는 신의 계명을 포함해 살인에 관한 금지 조항이 많습니다. 이에 사형을 찬성하는 사람들은 생명권이 조건부 권리라고 주장합니다. 자기방어를 위해 다른 사람의 생명을 빼앗는 일은 잘못된 행동이라고 생각하지 않습니다. 마찬가지로 고의로 다른 사람의 생명을 빼앗은 사람은 그 대가로 국가가 생명을 요구해도 불만을 가지면 안 됩니다.

결국 사형 제도가 본질적으로 정당하거나 부당하다고 주장하려는 시도는 이미 고착화된 견해에 부딪혀 상대방을 설득하기 어렵습니다. 한쪽에서는 사형을 가장 노골적인 규칙 위반에 정의롭게 분노를 표현하는 결과라고 생각합니다. 다른 쪽에서는 사형이 사회를 타락시키고 범죄자 수준으로 끌어내리는 야만적 복수 행위라고 생각합니다. 이처럼 첨예하게 대립하는 갈등 속에서는 사형 제도에 대한 논의가 집행 결과를 고려하는 쪽으로 진행될 가능성이 높습니다.

> "사형이 과연 국민의 안전에 이바지하는가? 결코 그렇지 않다. 사형은 사람들의 마음을 경직시키고 생명의 상실을 가볍게 여기게 만든다."
>
> — 엘리자베스 프라이, 영국 사회운동가, 1818

무고한 자의 죽음

사형을 집행하고 나면 다시 범죄를 저지를 살인자는 없습니다. 많은 살인범이 석방되고 나서 다시 살인을 저질렀습니다. 따라서 사형 제도는 무고한 생명을 구하는 역할을 합니다. 물론 이 주장은 의심의 여지 없이 사실이지만, 사형 제도가 무고한 생명을 희생한다는 또 다른 주장으로 반박할 수 있습니다. 모든 시대, 모든 지역에서 잘못된 판결로 인해 무고한 사람들이 처형되었습니다. 실제로 법정 재판이나 죄수 석방 제도가 완벽하게 운영된 적은 없습니다. 한 유형의 피해자를 다른 피해자보다 우선시하지 않는 한 이러한 주장들은 서로 상쇄되는 경향이 있습니다.

차별과 생명 경시

사형을 정당화하는 데 이용하는 또 다른 주장은 범죄자가 되려는 사람을 막음으로써 대중을 보호한다는 것입니다. 사형 반대론자들은 이러한 억제 효과가 입증되지 않았다고 주장합니다. 그러나 상식적으로 사형이라는 처벌 가능성이 범죄 발생을 억제하는 데 어느 정도 영향을 미칠 것으로 보입니다. 모든 살인자가 범죄를 저지르자마자 벼락에 맞아 쓰러지는 세상을 상상해 봅시다. 살인의 의도가 있는 사람들(적어도 이성적인 사람들)은 즉각 죽음을 맞는 상황을 알면서도 살인을 저지르지는 않을 것입니다. 문제는 현실 세계에서 사형의 효과가 확실하지도 않고 집행이 신속히 이루어지지도 않는다는 사실입니다. 몇 년 동안 사법 심사와 항소 절차를 거친 후에도 억제 효과가 얼마나 남아 있을지에 대해서도 논쟁의 여지가 있습니다.

이러한 사실을 근거로 사형에 대한 또 다른 경제적 주장이 제기됩니다. 즉 살인범을 감옥에 가두어 두는 데 엄청난 비용을 낭비한다는 불만이 많아집니다. 현실에서는 수많은 항소 재판 때문에 살인범들이 감옥에서 보내는 몇 년의 세월이 결코 값싼 대안이 될 수 없다는 것입니다. 사형을 반대하는 또 다른 이유는 사회에서 가장 가난하고 취약한 구성원을 차별한다는 데 있습니다. 국가가 이처럼 소외된 계층에게 사회적 지원(더 나은 법적 대리인 선임 등을 포함해 제한 없는 지원) 자금을 제공할 준비가 되어 있지 않다면, 사형을 적용하는 과정은 근본적으로 불공정할 수밖에 없습니다.

사형을 반대하는 사람들은 사형이 살인 사건을 오히려 증가시킬 수 있다고 주장합니다. 그들은 먼저 국가가 사형 제도를 인정하면 생명의 가치를 떨어뜨리고 살인에 대한 금기를 약화시킨다고 주장합니다. 사람의 생명을 마음대로 좌우할 수 있는 사회에서 생명 존중 사상이 약해질 가능성은 높습니다. 살인을 제외한 중범죄에 사형을 선고하는 지역에서도 범죄가 증가하는 현상이 나타납니다. 예를 들어 강간범이 피해자의 증언 때문에 사형 선고를 받을 가능성이 높다는 사실을 안다면, 그는 피해자를 살해하려는 섬뜩한 동기를 얻게 되는 것입니다.

절대적으로 옳은가

사형 제도를 둘러싼 논쟁은 모순으로 가득합니다. 억제 효과를 얻고 싶다면 결국 신속하고 즉각적으로 정의를 실현해야 할 텐데, 그러다 보면 부당한 판결과 처벌이 증가할 것입니다. 이러한 제도 속에서는 가난하고 소외된 사람들이 더 큰 차별을 당할 수밖에 없습니다. 각각의 주장에서 제시하는 이익을 둘러싼 불확실성이 너무 크기 때문에, 결국 국가가 구성원의 생명을 좌우하는 것이 절대적인 의미에서 옳은 가라는 기본적인 질문으로 되돌아가게 됩니다. 앞서 이야기했듯이 이는 매우 까다로운 문제입니다.

24

강제적 고통의 한계와 정당성
고문

테러 단체가 도심에 핵폭탄을 설치했습니다. 폭탄은 두 시간 후에 폭발할 것입니다. 그 지역에서 대피할 시간이 충분하지 않아 폭탄이 터지면 수천 명의 무고한 시민들이 죽을 수밖에 없습니다. 폭탄의 존재는 알고 있지만 설치 장소는 모르는 경찰이, 폭탄의 위치는 알지만 대화를 거부하는 테러 단체의 지도자를 체포했습니다. 이런 상황에서 경찰은 테러리스트에게 협조를 강요하기 위해 그를 고문해도 될까요?

적어도 자유 민주주의 사회에서 자란 사람들은 고문에 반사적으로 반응합니다. 법치주의를 따르는 문명사회에서 고문은 절대 용납할 수 없는 것입니다. 하지만 시한폭탄 테러 같은 사례를 들면 이러한 직관이 한계를 시험하게 됩니다. 만약 위협이 임박한 상황에서 나른 방법이 없다면, 재앙을 피하기 위해 가능한 한 모든 조치를 취하는 것은 도덕적으로 용납할 수 있지 않을까요? 실제로는 그렇게 하는 것이 도덕적인 의무 아닐까요? 체포된 테러리스트는 이 위기 상황을 만든 책임이 있으므로, 고문을 당해 권리를 침해받는 것은 수천 명의 생명을 구하기 위해 지불해야 할 작은 대가처럼 보입니다.

최근 몇 년 동안 특히 9·11 테러 사건 이후 '테러와의 전쟁'에 필수적인 정보를 얻기 위해 용의자를 고문하는 것에 대한 문제가 긴급한 사안으로 새롭게 제기되었습니다. '워터 보딩water boarding(사람을 널빤지에 묶고 얼굴에 젖은 수건을 씌운 다음 물을 부으며 하는 고문 — 옮긴이)'부터 '특별 송환extraordinary rendition(테러 용의자를 체포해 고문 관련 법적 문제가 없는 나라로 이송해 심문하는 것 — 옮긴이)'까지 수많은 낯선 용어들이 정치 논쟁에 등장했습니다. 그렇다면 고문을 이용하는 것은 도덕적으로 정당화될 수 있을까요?

비열한 목적과 비열한 수단

앞에서 이야기한 것처럼 극단적인 상황에 처하는 경우, 대부분의 사람들은 다른 대안이 없다면 고문을 이용하는 것이 도덕적으로 옳다고 어쩔 수 없이 인정합니다. 이러한 견해의 근거는 본질적으로 결과론적입니다. 경찰이 따를 수 있는 방법은 오로지 두 가지인데 두 가지 모두 매우 비열합니다. 경찰은 유죄를 선고받은 테러리스트를 고문해서 정보를 얻을 수 있는데, 이 때문에 일시적으로 범죄자의 인권을 침해할 수 있습니다. 아니면 경찰은 수천 명의 무고한 시민이 폭발로 인해 죽도록 내버려 두어 이들의 생명권을 영원히 침해할 수도 있습니다.

고문을 선택하는 첫 번째 방안은 절대주의자들이 반대할 수 있습니다. 절대주의자는 원칙적으로 잘못된 행위이므로 어떤 상황에서도 고문을 허용해서는 안 된다고 주장합니다. 만약 절대주의자들이 시한폭탄 시나리오의 결과를 감수할 준비가 되어 있다면, 좀처럼 자신의 입장을 바꾸지 않을 것입니다. 물론 결과주의자에게도 똑같은 방식으로 대답함으로써 고문에 반대하는 좀더 설득력 있는 사례를 제시할 수도 있습니다. 고문 반대론자들은 이처럼 극단적인 시나리오에서 단순히 계산해 보면 고문을 정당화할 수는 있지만, 더 광범위한 고려 사항은 계산 과정에서 제외되었다고 주장할 수도 있습니다.

사회를 타락시키는 고문 문화

고문을 반대하는 익숙한 의견 중 하나는 고문이 아무런 효과가 없다는 것입니다. 극심한 고통을 겪는 사람은 이를 피하기 위해 무엇이든 말하려는 경향이 있습니다. 심문자가 듣고 싶어 한다고 생각하는 것은 무엇이든 말할 가능성이 있으므로 정보의 질이 떨어집니다.

고문에 반대하는 좀더 섬세한 주장은 고문이 사회에 미치는 영향을 근거로 합니다. 고문 기술이 일상적으로 행해지는 지역에서는 야만적이고 사회를 타락시키는 '고문 문화'가 발전할 수 있습니다. 군대, 경찰, 교도소 같은 기관에서는 개인을 학대하는 습관에 쉽게 익숙해지고, 이러한 대우를 허용하며 합법적이라면 고문은 여기저기에서 만연하게 될 것입니다. 한마디로 극단적인 경우에는 고문을 허용하면 고문이 일상화되고 제도화되는 문화가 빠르게 형성될 것입니다. 사회 구조에 미친 피해가 너무 크기 때문에 고문을 비상 상황에 예외적으로 사용해서 좋은 결과를 얻더라도 정당화할 수는 없습니다.

미끄러짐 방지하기

고문에 반대하는 이러한 주장은 고문을 예외적으로 사용하다 보면 결국 일상적이고 합법화된 제도적 사용으로 이어진다는 미끄러운 경사길 논증slippery slope argument(사소한 행위나 제도를 허용하면 연쇄적인 인과 작용이 일어나 의도하지 않았던 부정적 결과에 이르게 된다는 주장 — 옮긴이)을 전제로 합니다. 하지만 이러한 미끄러짐은 불가피한 것일까요? 먼저 매우 특정하고 예외적인 상황에서 도덕적으로 허용된 행위가 꼭 합법화되어야 한다는 결론으로 이어지는 것은 아닙니다. 법률은 일반적으로 개별 사례들로부터 추상화 과정을 거쳐 도출되는 일반화된 규칙에 기초합니다. 시한폭탄 시나리오 같은 사례는 전례 없이 예외적이고 일회적인 사건입니다. 비행기 추락 사고 생존자가 죽은 승객들의 살을 먹고 살아남은 일이 도덕적으로 허용된다는 점을 어쩔 수 없이 받아들일 수도 있습니다. 하지만 이러한 예외적 사건들이 식인 풍습을 합법화하는 근거가 되지는 않습니다.

고문을 예외적으로 사용하는 것도 마찬가지입니다. 고문은 도덕적으로 혐오스러운 일이고 고문 행위는 불법이어야만 한다고 말할 수 있는 강력한 근거가 있습니다. 고문 행위를 저지른 사람은 벌을 받아야 하지만, 시한폭탄 시나리오 같은 아주 예외적인 상황에서는 어느 정도 허용되어야 합니다. 비록 반대론자들이 상상하는 미끄러운 경사길을 피할 수 없는 것은 아니지만, 최근 몇 년 동안 일어난 많은 일(이라크의 아부 그라이브 교도소와 쿠바 관타나모만의 미군 수용소는 가장 잘 알려진 사례일 뿐입니다)처럼 고문과 그 밖의 법을 초월해 이루어진 관행이 사회를 부패시키지 않게 하려면 최대한 경계해야 한다는 의견이 제기되고 있습니다.

25

인류가 당면한 전 세계적 재앙
부패

부패는 어떤 사람 또는 어떤 것의 미덕이나 진실성이 점차 훼손되거나 파괴되는 과정을 말합니다. 선하고 정직한 사람이 부패하는 것과 건전하고 효율적인 제도가 부패하는 것은 별개의 문제입니다. 조직의 부패와 개인의 부패는 구분되기는 하지만, 공통점이 많고 함께 발생하는 경우가 많습니다.

도덕적인 사람들은 말 그대로 옳은 일을 하고자 하는 사람들입니다. 이 책의 내용 대부분이 그 문제를 정확하게 살펴보기 위한 시도입니다. 도덕적인 사람들이 어떻게 행동해야 하는지와 관련해 세부 사항에 대한 의견은 다릅니다. 그 내용은 정직하고, 정의롭고, 관대하고, 용감하고, 인내하고, 용서하고, 존중하고, 절제하고, 근면하는 것 등으로 다양할 수 있습니다. 이런 사람들이 부패했다고 말하기 위해 갖춰야 할 조건은 꽤 복잡할 수 있지만, 적어도 그들이 도덕적인 행동을 하지 못하게 하는 유인책이 있어야 합니다. 그 유인책은 금전적 이익일

수도 있습니다. 예를 들어 뇌물을 받고 부정직하게 행동하는 것입니다. 그 밖에도 지위나 권력 강화, 성적인 호의 등 다른 동기들도 많습니다.

개인의 부패에서 제도의 부패까지

개인이 부패한 다른 사례로는 법정에서 친구가 유죄 판결을 받지 않도록 거짓 증언을 하는 경우가 있습니다. 또는 용의자가 죄를 저질렀다고 믿고 유죄 판결을 받게 하려고 경찰이 증거를 조작하는 경우도 있습니다. 이러한 사례들은 개인의 부패가 제도의 부패와 얼마나 긴밀히 연결되어 있는지 잘 보여 줍니다. 국가의 중심 제도 중 하나인 사법 제도의 목적은 법을 집행하는 것입니다. 이 목적을 달성하기 위해 진실한 증언, 진짜 증거 제시 등 다양한 과정을 거쳐야 합니다. 목격자의 거짓 증인이나 부정직한 경찰관의 조작 행위는 사법 제도의 핵심 절차를 훼손하고 주요 목적을 무너뜨릴 수 있습니다. 이에 따라 제도도 어느 정도 훼손되고 오염됩니다.

이러한 사례들을 바탕으로 추론해 보면 어떤 제도든 설립된 목적과 그 실현 과정이 다양하다는 사실을 알 수 있습니다. 이러한 제도는 그 과정을 훼손하고 목적을 달성하지 못하게 방해하는 행위 때문에 어느 정도 부패합니다. 개인이 부패한 경우와 마찬가지로 금전적 이익이 동기가 될 수도 있지만, 지위나 권력 같은 다른 유인책도 그러한 동기에 포함될 수 있습니다.

모든 제도에는 어느 정도 규칙과 규정이 명시되어 있고, 이를 준수함으로써 과정이 효율적으로 작동하며 그에 따라 목적을 실현할 수 있습니다. 모든 부패 행위는 반드시 이러한 규칙을 위반해야 이루어질 수 있습니다. 따라서 해당 제도를 시행하는 기관의 관할권 내에서 불법이 될 수밖에 없습니다. 경기력 향상을 위해 선수에게 약물을 투여하는 코치는 해당 스포츠 관리 기관이 정한 규칙을 위반할 수 있습니다. 코치와 선수의 부정행위는 특정 스포츠뿐만 아니라 스포츠 전반에 포함된 페어플레이 같은 여러 하위 제도나 문화에 부정적인 영향을 미칩니다. 이러한 행위가 법률을 위반하는 불법 행위인지 여부는 또 다른 문제입니다.

전 세계적인 암

부패는 오늘날 세계에서 일어나는 주요 재앙 중 하나이므로 부패가 어떤 것이고 왜 발생하는지 이해하는 것이 중요합니다. 2006년 당시 버락 오바마Barak Obama 상원 의원(미국의 제44대 대통령)이 케냐를 방문했을 때 했던 연설의 주제가 바로 '재정의 부패가 국가 존립에 미치는 부정적인 영향'이었습니다.

> 부패는 발전을 막습니다. 사회 기반 시설을 개선하고 교육 체계를

강화하며 공중 보건을 강화하는 데 필요한 자원을 빼돌립니다. … 결국 국민이 정부가 하는 일, 곧 국민을 보호하고 국민의 복지를 증진하는 정부의 일을 신뢰할 수 없다면 다른 모든 것도 잃어버리고 맙니다.

부패 행위가 일어나지 않는 나라는 없지만, 특히 정치 제도가 취약하고 공식적인 절차나 보호 장치가 덜 강력한 개발 도상국에서는 부패의 영향을 더 심각하게 느낍니다. 이러한 상황에서 사기, 뇌물 수수, 갈취 등의 문화가 뿌리내리기 더 쉽습니다. 공적 자금과 자원이 개인의 주머니로 들어가면서 일반 대중은 더욱 빈곤해지고 정치를 냉소적으로 대하게 됩니다. 정치 지도자들은 책임감이 없고, 민주적인 제도와 법치주의에 대한 존중이 뿌리내리기 어렵습니다. 이러한 이유로 부패는 취약한 통치, 증가하는 빈곤, 열악한 보건과 의료 환경, 불충분한 교육 제도 등 전 세계에서 시급하게 해결해야 할 문제들의 원인으로 지목되고 있으며, 인류가 당면한 가장 큰 과제이기도 합니다.

> 부패는 국가를 내부에서부터 부식시킨다.
> 사법 제도를 병들게 해 정의를 찾아볼 수 없게 만들고,
> 경찰 조직을 오염시켜 그들의 존재가 불안의 근원이 되게 한다.
>
> _ 버락 오바마, 2006

26

목적과 수단의 윤리적 책임
테러리즘

"누군가에게 테러리스트인 자가 다른 사람에게는 자유의 투사다." 다소 진부한 표현일 수 있지만 이 말은 중요한 진실을 담고 있습니다. 오늘날 '테러리즘'이라는 단어에는 항상 강한 부정적 의미가 있습니다. 누구도 자신을 묘사하는 데 이 단어를 쓰지는 않습니다. 국가는 다른 국가가 가하는 폭력을 제외하고, 자신에게 가해지는 모든 폭력을 테러로 간주하는 경향이 있습니다. 반면 자신의 행동은 적에 대한 정당한 전쟁 행위나 방어 수단으로 묘사합니다. 반면 그 적들은 스스로를 정당한 대의를 위해 싸우는 전사, 순교자로 여깁니다.

이런 식으로 용어를 사용하면 테러리즘의 윤리에 대해 벌이는 논쟁에는 아무런 의미가 없게 됩니다. 테러 행위는 단지 그렇게 묘사된다는 이유만으로 정의상 잘못된 것입니다. 순전히 의미론적 문제이므로 중요하지 않다는 뜻이 아닙니다. 때로는 말싸움에서 승리하는 것, 즉 참여자와 관찰자 모두의 '마음과 생각'을 얻는 것이 중요합니다. 하지만 테러의 개념에 관해 윤리적으로 흥미로운 이야기를 하려면 의미론적

교착 상태에서 벗어나야 합니다.

폭력과 협박

국가에서는 특정 행위를 불법 테러 행위라고 부르지만, 그 행위를 하는 가해자들은 정당한 정치적 폭력 행위라고 부릅니다. 여기서 암묵적으로 이해하는 국가의 특징은 독일의 사회학자 막스 베버Max Weber의 영향력 있는 견해와 일치합니다. 그는 국가의 특징이 "정당한 물리력 사용을 독점"하는 것이라고 주장했습니다. 즉 자국의 영토 내에서 법을 만들고 실제적이며 위협적인 폭력을 행사해 그 법을 준수하도록 강제할 수 있는 독점적 권리가 있다는 것입니다. 실제로 특정 국가에 폭력을 행사한 가해자들은 이 정의를 받아들일 수도 있습니다. 하지만 이들은 자신들이 반대하는 국가가 어떤 이유로든 국가로서 권리를 상실했기 때문에 정당한 폭력을 행사할 수 있는 대상이라고 주장합니다.

양쪽 진영 모두 테러는 폭력을 수반한다는 데 동의합니다. 공통된 의견은 더 있습니다. 이 폭력은 구체적인 의도에 따라 행사됩니다. 즉 정치적 목적을 달성하기 위해 협박을 이용합니다. 대체로 양쪽 당사자는 어떤 일(폭력)이 일어나고 왜 일어나는지(협박하기 위해)에 대해 동의합니다. 둘의 가장 큰 차이점은 목적의 정당성입니다. 이 목적에 따라 특정 폭력 행위를 테러로 분류할지, 정치적 폭력으로 분류할지 결정됩니다.

무고한 사람을 표적으로

일반적으로 테러라고 불리는 행위는 여러 형태를 취할 수 있습니다. 다음 두 가지 시나리오를 생각해 봅시다.

> 1. 식민지 지배 세력으로부터 해방되기 위해 투쟁하는 비밀 조직 A가 총독 관저에 폭탄을 설치합니다. 그러고 나서 폭탄을 터뜨려 총독과 여러 관리를 죽입니다.
> 2. 마찬가지로 해방을 위해 투쟁하는 비밀 조직 B가 어느 관광호텔에 폭탄을 설치하고 외국 관광객과 호텔 직원 등을 무작위로 죽입니다.

이 두 가지 시나리오에 제시된 상황 모두 테러 공격이라고 말할 수 있을까요? 그럴 수도 있지만 이 둘의 양상은 매우 다릅니다. 첫 번째 시나리오처럼 식민지 지배 정부 인사를 표적으로 삼는 일은 다소 위협적이지만, 핵심 인사를 제거해 식민지 지배 세력을 약화시키는 데 집중한 시도라고 설명하는 것이 적절합니다. 식민지 지배 세력은 당연히 이 공격을 테러 행위로 규정할 것입니다. 하지만 가해자는 피해자를 합법적인 표적, 즉 불법 정권의 공식 대표자로 간주하고 자신들의 행위를 테러가 아닌 암살이라고 말할 것입니다.

두 번째 시나리오에서 제시한 상황은 매우 다릅니다. 결정적으로 피해자는 가장 모호한 의미에서만 선택되거나 표적이 됩니다. 그 피해자들은 폭발을 일으킨 불만과 관련해서 분명하거나 직접적인 책임이 없는 무고한 방관자 또는 비전투자라는 사실이 공정한 견해일 것입니다. 공격의 목적도 분명하지 않습니다. 비밀 조직이 그 사회에 피해를 입힐 수 있고 정부는 이를 막을 수 없다는 점을 보여 주는 것, 관광객이나 외국인 투자자 등의 방문을 저지해 국가 경제를 약화시키는 것, 예상하지 못한 방식으로 정권을 위협하고 불안하게 만드는 것 등이 목적일 수 있습니다. 아마도 가해자 자신을 제외하고, 이 작전을 테러 행위가 아니라고 생각하는 사람은 아무도 없을 것입니다.

공모와 정당성

앞에서 설명한 두 가지 시나리오 상황을 모두 테러 공격을 보는 관점, 두 번째 시나리오만 테러 공격으로 보는 관점에는 윤리적으로 매우 큰 차이가 있습니다. 가해자들은 피해자들이 어떤 식으로든 테러 공격에 정당성을 부여하는 불만을 야기했다고 공통적으로 주장합니다. 첫 번째 시나리오인 총독 관저 폭파 사건에서는 아주 그럴듯한 주장이지만, 두 번째 시나리오인 호텔 공격 사건에서는 타당성이 낮은 주장으로 보입니다. 9·11 테러 사건 이후 알카에다의 지도자 오사마 빈 라덴Osama bin Laden은, 당시 정부를 구성하고 세금을 내는 등의 행위를 함으로써 무슬림을 상대로 저지른 잔학 행위에 대한 책임이 모든 미국인에게 있다고 주장했습니다. 미국 국세청에 세금을 납부하는 것이 테러의 충분한 근거가 된다는 생각은 그 자체로 기괴합니다. 게다가 투표를 하지 않거나 세금을 내지 않는 사람들(아기를 포함)에 관해서는 아무 이야기도 하지 않습니다.

공모complicity는 그것에 연루된 사람들을 표적으로 삼아 공격하는 데 그럴듯한 정당성을 제공하는 것처럼 보입니다. 물론 이러한 공격을 테러라고 표현하는 것이 맞는지 의문스럽지만 말입니다. 하지만 무고한 비전투원들을 죽이거나 그들에게 피해를 주는 무작위 공격을 정당화하려면, 공모에 대해 공동으로 책임을 지게 할 극단적인 관점이 필요합니다. 이보다 더 나은 정당화가 있을까요?

순전히 결과에 근거해 행동의 옳고 그름을 판단하는 윤리적 결과주의자는, 모든 것을 고려해 봤을 때 전투원이 아닌 사람을 테러로 공격해서 충분히 큰 이익을 얻을 수 있다면 정당하다고 생각할 것입니다. 이 조건은 중요합니다. 왜냐하면 도덕적으로 덜 불쾌한 방식, 예를 들어 어떤 방식으로든 연루된 사람들을 표적으로 삼는 방식으로 이러한 이익을 얻을 수 있는지를 따져봐야 하기 때문입니다. 많은 사람들은 무고한 사람의 생명을 빼앗는 것보다 더 나은 방법은 반드시 있기 마련이고, 결과주의적으로 찬성과 반대를 따지는 것은 올바른 판단이 아니라고 말할 것입니다. 따라서 테러 문제는 다시 한번 목적과 수단의 까다로운 윤리적 갈등 속에서 답을 찾게 됩니다.

27

통제할 권리와 사회적 비난
검열

서구 세계에서는 언론과 표현의 자유를 매우 중요하게 여기므로 무의식적으로 검열은 무조건 나쁘다고 생각하는 경우가 있습니다. 하지만 이러한 견해는 사실 순진한 생각이며, 실제로는 언론의 자유를 늘 상당한 정도로 견제해 왔습니다. 정도의 차이는 있지만 모든 시대에 사회의 지도자들에게는, 정보의 흐름을 규제하고 위험하다고 생각되는 의견은 차단함으로써 백성이나 시민의 행동을 통제할 권리가 있었습니다.

표현의 자유에 대한 자유주의의 공약은 17세기 계몽주의에 기원을 두고 있습니다. 이는 "의회는 … 언론의 자유를 제한하는 어떤 법률도 만들어서는 안 된다"라는 미국 「수정 헌법」 제1조(1791)에 가장 잘 명시되어 있습니다. 그러나 현실에서는 가장 자유주의적인 정권에서도 국가가 받아들일 수 없는 방식으로 자신의 견해를 표현하거나 정보를 공개함으로써 표현의 사유를 남용하는 사람들을 저벌하는 다양한 법률이 있습니다. 공무상 비밀을 보호하고 명예 훼손, 외설, 모독, 선동을

범죄로 규정한 법률은 모두 검열의 형식을 띠고 있습니다. 그렇다면 가장 큰 윤리적 문제는 검열의 유무가 아닙니다. 전혀 규제하지 않는 표현의 자유가 가능하다거나 바람직하다고 주장하는 사람은 거의 없습니다. 어떻게 어느 정도까지 제한해야 하는지 결정하는 것입니다.

국가가 가장 잘 알고 있는 것

당시에는 보편적이었고 지금도 여전히 흔한 계몽주의 이전의 지배적인 관점은 본래 권위주의적, 가부장적인 것이었습니다. 사회는 일반적으로 엘리트 지배층이 피지배층을 광범위하게 검열하며 생활에서 어떤 표현을 허용할지 결정하는 엄격한 계층 구조를 이루었습니다. 권위주의 정권은 보통 자신들의 이익을 위해 정보의 확산을 통제하고 생존을 위협하는 의견은 억압했습니다.

이러한 권위주의적 검열에는 긍정적인 측면도 있습니다. 지배층이나 엘리트층은 가부장적 기준에서 어떠한 표현을 허용할지 결정할 수 있습니다. 사실상 국가는 구성원들에게 가장 좋은 것이 무엇인지 가장 잘 알고 있다고 가정합니다. 국가는 이를 어떻게 알까요? 이 답에는 보통 종교와 문화의 영향이 결합되어 있습니다. 본질적으로 보수적인 국가의 목표는 가치들을 보호하는 것입니다. 여기에는 다소 모호한 '가족'이라는 가치도 포함되며, 종교적 가르침에 기초한 가치들은 대대로 전승됩니다. 권력을 가진 사람들은 도덕적으로 옳고 그른 것에 대한 견해가 명확합니다. 서민의 도덕적 안녕을 위해 무엇을 받아들일 수 있는지 생각하고 결정합니다. 사실상 국가에는 구성원들의 도덕성을 형성할 의무가 있습니다. 그리고 이를 위해 도덕성을 '타락시키고 부패시킬' 가능성이 있는 표현이나 노출을 통제할 권리가 있습니다.

> "책을 불태울 때마다 결국 인간도 불타버린다."
>
> — 하인리히 하이네, 독일 시인, 1821

해악, 범죄 그리고 사회적 비난

자유주의의 핵심 가치 가운데 자율성이 있습니다. 즉 사람들은 자신의 운명을 통제하며 다른 사람의 간섭을 받지 않고 자유롭게 결정할 수 있어야 합니다. 따라서 자유주의자들은 의도가 아무리 좋아도 모든 형태의 가부장주의에 반대합니다. 빅토리아 시대 철학자 존 스튜어트 밀의 고전적 설명에 따르면, 표현의 자유는 다른 사람에게 해를 주는 경우에만 제한해야 합니다(2장 〈위해 원칙〉 참고). 본질적으로 사람들은 자신이 원하는 대로 자유롭게 행동하고 생각하고 말하고 표현해야 합니다. 다만 그들의 행동은 다른 사람들의 행동과 일치해야 합니다. 자신이 선택한 행동 때문에 스스로에게 해를 끼치는 경우 합법적으로 조인을 듣거나 교육을 받을 수 있습니다. 하지만 이것이 궁극적으로 그렇게 행동할 자유를 제한하는 충분한 이유가 되지는 않습니다.

물론 악마는 디테일에 있습니다. 어떤 사람은 다른 사람보다 훨씬 피해를 입기 쉽습니다. 인터넷과 소셜 미디어가 발달하면서 사람들에게 피해를 입히는 새로운 방법이 많아졌습니다. 한 유명 인사가 소아성애자라고 누군가 주장하면 분명히 그 인사의 평판에 피해를 입힐 것입니다. 하지만 경기장에서 의식을 잃고 쓰러진 축구 선수가 소셜미디어에서 천박한 농담의 소재가 되는 건 어떨까요? 법적 조치를 취해야 할 만큼 그 선수나 사회 전체에 피해를 입혔을까요? 여기서 문제는 실제 피해와 단순한 범죄를 구분하는 것입니다. 다시 말하지만 범죄는 매우 주관적인 문제이며, 어떤 경우에는 사회적 반대에 대한 두려움이 강력한 법적 조치보다 더 효과적인 억제책이 될 수 있습니다.

밀도 표현의 자유를 제한하는 데 사회적 비난이 어떤 역할을 하는지 알고 있었습니다. 실제로 그는 이러한 압력이 억압적이고 건강하지 못한 방식으로 통제해, 일반적으로 인정받는 의견에 대해 질문하고 비판하는 문화를 억제할 수 있다고 우려했습니다. 또한 '가장 활동적이고 탐구적인 지식인'이 '가장 중요한 주제를 자유롭고 대담하게 사유하는 것'을 두려워하는 지적 문화가 형성될 가능성에 대해서도 걱정했습니다. 그는 정신의 성장이 방해받고 이성이 위축되며 진리 자체의 뿌리가 약해질 것이라고 생각했습니다. "진정한 의견은 … 편견으로서, 주장과는 독립된 믿음으로서, 주장에 반대하는 증거로서 존재합니다. … 따라서 이렇게 받아들여지는 진실은 미신일 뿐이고 진실을 밝히는 말에 우연히 붙어 있을 뿐입니다."

28

범죄 행위 또는 의료와 재활의 문제
마약

불법적인 마약 복용과 남용이 인간을 얼마나 불행에 빠트리는지는 설명할 필요가 없습니다. 마약 중독자들은 마약을 얻기 위해 도둑질이나 매춘을 하고, 더러운 바늘을 함께 쓰다가 걸린 질병을 다른 사람에게 전염시키며 가족과 자녀들의 삶을 파괴합니다. 점점 더 많은 사람이 불법 마약 밀매에 휘말리고 있습니다. 마약 밀매업은 억만장자 갱단이 개발 도상국에서 마약을 제조하고 비즈니스 경쟁자들을 일상적으로 살해하면서 글로벌 산업이 되어 가고 있습니다.

이처럼 비참한 상황이 벌어지는 현실에서 책임을 정확히 어디에 물어야 할지 모르겠습니다. 수백만 명의 목숨을 앗아가고 있는 마약 문제가, 마약 복용이 아닌 정부의 마약 복용 금지 시도 때문이라고 주장할 수도 있습니다. 마약 합법화 문제는 마약 복용에 대한 논쟁의 대부분을 규정합니다. 이 논쟁은 대부분 정직한 탐구 정신이 아닌 정당 정치의 열기 속에서 벌어집니다. 이처럼 마약 문제가 심각하게 정치화되

어 있는 상황에서, 핵심 질문을 일관성 없이 모호하게 심지어 위선적으로 다룹니다.

하지만 답이 중요합니다. 대마초, 코카인, 헤로인 등의 마약 생산과 유통을 근절하기 위해 매년 수백억 달러를 지출합니다. 마약 복용이 잘못되었다고 가정하고 수십만 명이 교도소에 갇혀 있습니다. 잘못된 정보의 안개를 헤치고 이런 가정이 올바른지 말할 수 있을까요?

모든 마약은 똑같을까요?

마약 사용을 금지하는 주장은 그 약물이 사용자 자신과 주변 사람들, 사회 전반에 미치는 다양한 피해를 근거로 제시합니다. '금지'라는 것은 보통 보수적인 관점과 관련되어 있지만, 심지어 진보주의자(자유주의자)도 다른 사람에게 특정한 해를 끼치는 방식으로 행동하는 것에 대해서는 정부가 나서서 막아야 한다는 점을 인정합니다(2장 〈위해 원칙〉 참고). 예를 들어 마약에 취한 사람이 자동차나 지게차를 운전할 수 있도록 허용해야 한다고 주장하는 사람은 없을 것입니다. 하지만 그 밖에는 공통점이 거의 없습니다.

마약과 관련해서 계속 논란이 되는 문제는 모든 마약을 동등하게 취급하는 경향입니다. 실제로는 마약에 따라 해로운 정도가 다름에도 그렇습니다. 대마초처럼 '약한' 정도의 해를 끼치면서도 형사 처벌의 대상이 되지 않는 것들이 많습니다(우리나라에서는 대마초 복용도 형사 처벌의 대상입니다 — 옮긴이). 일부 전문가들은 알코올이 대마초보다 중독성이 강하고 통계적으로 사망, 건강 손상, 개인 관계 파괴, 재정 상황 악화를 일으킬 가능성이 더 높다고 이야기합니다. 담배와 술도 마찬가지지만, 그렇다고 음주자와 흡연자를 범죄자로 낙인찍어야 한다고 주장하는 사람은 없습니다. 반면, 헤로인과 크랙 코카인 같은 '강한' 마약은 훨씬 더 해롭습니다. 이런 마약은 중독성이 매우 높고 강박적인 의존성을 유발해 마약 사용자뿐만 아니라 주변 사람들에게도 피해를 줍니다. 마약 복용 규제 정책에서 이러한 불일치가 나타나기 때문에, 심각한 부작용 없이 약한 마약을 사용한 수백만 명의 사람들은 그 정책의 실효성에 대해 회의적일 수밖에 없습니다.

물론 강한 마약의 법적 금지를 찬성할 만한 훨씬 더 심각한 사례가 있습니다. 그럼에도 많은 진보주의자들은 마약 사용을 법적으로 제한하는 것은 잘못이라고 주장합니다. 그들의 주장에 따르면, 우리에게는 자신의 몸을 원하는 대로 할 수 있는 기본권이 있으며 마약 복용으로 인한 다양한 피해는 정부가 통제해야 하는 문제가 아니라는 것입니다. 도덕적 보수주의자들은 마약을 허용하자는 이러한 주장이 안일하고 무책임하다고 생각합니다. 일부 마약은 중독성이 너무 강해, 사용자가 자유롭게 행동할 수 있는 능력을 사실상 제한하며 개인의 자율성을 약화한다고 알려져 있습니다. 자유주의는 사람들에게 목을 매는 데 충분한 밧줄을 자유롭게 제공하라고 요구할지도 모릅니다. 그럼에도 자유주의자가 자율성을 최고의 윤리적 능력이라고 생각한다는 점을 고려할 때, 사람들이 도덕적 주체로서의 성격을 잃는 대가를 치르더라도 자유를 누려야 한다고 주장한다면 자유주의사의 입장에서는 어느 정도 갈등할 수밖에 없습니다.

과연 대재앙이 일어날까요?

결국 마약 복용 규제 문제는 실용적인 방향으로 연결될 것입니다. 마약 합법화론자들은 현행 정책의 비효율성을 지적하면서, 정부는 마약 복용이 끊임없이 증가하는 흐름에 대해 크누트^{Canute}(앵글로 스칸다나비아 제국의 대왕. 밀려오는 파도에게 멈추라고 명령하지만 이를 막지 못했다는 일화가 전해지면서, 어떤 일을 막으려고 애쓰지만 아무런 효과를 얻지 못하는 사람을 비유하는 표현으로 쓰입니다 — 옮긴이)와 같은 입장이며, 정부의 입장이 대중의 정서나 관습과 점점 멀어지고 있다고 주장합니다. 반면, 마약 금지론자들은 합법화한 이후 펼쳐질 재앙과 급속한 확산을 우려합니다. 마약 복용을 범죄로 규정하지 않는다면 실제로 어떤 일이 벌어질까요?

지금 활용할 수 있는 증거에 따르면 그러한 상황이 재앙을 초래할 것으로 보이지는 않습니다. 가장 중요한 결과는 마약 남용을 범죄 행위가 아닌 의료 문제로 취급할 수 있다는 것입니다. 범죄자들의 손에서 벗어난 마약 거래는 규제를 받게 되고, 물건의 품질도 적절하게 감시할 수 있습니다. 마약의 가격은 떨어지고 세금도 거둘 수 있습니다.

현재 치안 유지와 수감에 투입되는 자원과 재정을 연구와 중독자의 재활, 교육에 투입할 수 있습니다. 담배의 경우를 보면 알 수 있듯이 시간이 지나면 사람들은 점점 적당히 사용하게 될 것입니다. 무엇보다도 가장 중요한 사실은 절망적인 사람들이 처음부터 마약에 의존하게 만든 사회적 박탈감이나 기회의 부족에 더 많은 관심을 기울일 수 있다는 점입니다.

비범죄화의 결과는 어느 정도 추측의 문제이고, 많은 사람이 합법화는 위험할 정도로 순진한 주장이라고 말합니다. 어쨌든 충분한 정보를 바탕으로 이렇게 추측해야 하는데, 이를 위해서는 최소한 공개적이고 정직한 토론이 이루어져야 합니다. 하지만 오늘날과 같은 정치 환경에서는 솔직한 대화가 이루어질 것 같지 않습니다.

4부

생명의 가치와
죽음의 품격

29

권리와 지위를 되찾기 위한 투쟁
동물 해방

지난 반세기 동안 동물 복지 문제는 공론화의 변두리에 있다가 중심부로 들어왔습니다. 수십 년 동안 전 세계적으로 수백만 명의 사람들이 동물 해방 운동을 지지했습니다. 이 운동은 1970년대 주로 과학 연구나 식량 생산 과정에서 일어나는 동물(인간 제외) 학대와 착취에 우려를 표명한 소수의 철학자들로부터 시작되었습니다.

1975년 오스트레일리아의 철학자인 피터 싱어Peter Singer가 『동물 해방Animal Liberation』을 출간한 것은 동물 해방 또는 동물의 권리 보호를 위한 투쟁에서 중요한 사건이었습니다. 싱어는 공장식 농장과 연구실에서 흔히 볼 수 있는 끔찍한 환경을 분석했습니다. 그러면서 동물의 낮은 도덕적 지위에 의문을 제기하고 동물의 이익도 인간의 이익과 함께 고려해야 한다고 주장합니다.

그렇다면 수백만 마리의 쥐나 고양이, 개는 말할 것도 없고 수천 마리의 원숭이와 유인원이 의학 연구나 제품 실험에 사용되는 것은 과연 옳을까요? 말 그대로 사람에게 고기를 제공하기 위해 소, 양, 돼지, 닭 같은 수십억 마리의 동물을 도살하는 것이 옳을까요?

인간의 지배를 받는 '사물'

'동물 해방'이라는 운동의 명칭은 동물이 '단순히' 인도적으로 대우받아야 한다는 것이 아니라 해방되어야 한다는 느낌을 강조합니다. 여성의 평등한 권리와 남성의 지배로부터 자유를 추구하는 여성 해방 운동의 영향도 있었지만, 그보다 더 중요한 것은 동물도 속박이나 예속에서 해방되어야 한다는 의미였을 것입니다. 동물은 일반적으로 '법적인 사물'로 분류되었습니다. 이는 '법인 legal person, 즉 인간'이 소유하고 사용하고 처분하는 대상이라는 뜻입니다. 이처럼 동물은 정확히 인간의 노예 지위에 있으면서, 자신의 권리를 전혀 누리지 못하고 오로지 소유자의 법적 재산으로서 법의 보호를 받습니다.

최근까지는 대부분 변호사, 철학자, 신학자 등이 동물의 도덕적 지위에 대해 대체로 동의해 왔습니다. 신이 영혼이 없는 동물을 인간이 지배하게 했다는 것이 널리 받아들여지고 있는 성경의 견해입니다. 성 아우구스티누스 St. Augustine 는 이 견해를 지지하면서 동물이 오직 인간의 이익을 위해 존재한다고 주장했습니다. 한편 토마스 아퀴나스 Thomas Aquinas 는 동물을 잔인하게 대하지 말아야 하는 유일한 이유는, 이러한 습성이 동료 인간을 대하는 태도로 이어질 수 있는 위험성 때문이라고 주장했습니다.

철학자들 중에는 동물권을 옹호하는 사람들도 있었지만, 기원전 4세기 아리스토텔레스의 주장이 지배적인 견해였습니다. 아리스토텔레스는 모든 생명체가 계층 구조를 형성하고 있고, 이 '존재의 사슬'에서 하위 개체는 상위 개체의 필요를 충족한다고 주장했습니다. 아리스토텔레스는 합리적 존재인 인간을 최상위에 있는 개체로 보았습니다. 윤리론 전체가 이성의 우월성을 기초로 한 이마누엘 칸트는 동물이 이성적이지 않기 때문에 그 자체로 도덕적 가치가 없다고 생각했습니다. 누구보다 동물권에 적대적이었던 르네 데카르트^{René Descartes}는 동물의 행동에서 내면의 감정이나 지성의 증거가 보이지 않으므로 오토마타^{automata}(여러 기계 장치를 통해 스스로 움직이는 인형이나 조형물 — 옮긴이)일 뿐이라고 여겼습니다.

> "
> 인류의 진정한 도덕적 시험, 그 근본적 시험은 …
> 그들 손아귀에 있는 자들, 즉 동물들에 대한 태도에 달려 있다.
> "
> — 밀란 쿤데라, 『참을 수 없는 존재의 가벼움』, 1984

침팬지와 닭

이러한 견해에 반대하는 입장에 선 철학자들 중 가장 크게 목소리를 낸 사람은 영국의 공리주의 철학자 제러미 벤담입니다. 그는 거의 200

년 전에 동물 해방 운동이 일어날 것이라고 예견했습니다. 1789년 벤담은 대단한 예지력으로 다음과 같이 썼습니다.

> 폭정의 손이 아니었다면 결코 빼앗기지 않았을 권리를 동물들이 되찾을 날이 올지도 모른다. … 다 자란 말이나 개는 태어난 지 하루, 일주일, 심지어 한 달 된 신생아보다 더 이성적일 뿐만 아니라 대화도 잘 통한다. 하지만 이렇게 가정하지 않는다면 무슨 소용이 있겠는가? 문제는 동물이 이성적일 수 있는지, 말을 할 수 있는지가 아니라 고통을 받을 수 있는지다.

벤담의 뒤를 이은 최근의 철학자들은 동물의 도덕적 지위를 고찰하는 부분에서 단지 고통의 문제뿐 아니라 그 이상을 다룹니다. 이들은 동물이 경험하는 고통과 쾌락만이 아니라 지능과 자율성 같은 특징도 고려해야 한다고 주장합니다.

싱어 같은 공리주의자에게는 쾌락과 고통의 경험을 통해 얻는 전반적인 행복으로 옳고 그른지를 판단합니다. 그는 이러한 판단을 할 때 인간의 이익과 비인간의 이익을 모두 동등하게 고려해야 한다고 주장합니다. 물론 닭과 인간을 반드시 동일하게 취급해야 하는 것은 아니지만, 순전히 인간이 인간이라는 사실 하나만으로 문제의 결론을 미리 내리면 안 됩니다.

이처럼 선호도를 표현하는 것은, 도덕적인 차이가 없다면 종 차별주의speciesism(인종과 성별에 근거해 편견을 갖는 인종 차별주의나 성차별주의와 유사한 관점. 30장 〈연구의 역설〉 참고)에 해당하는 사례입니다. 따라서 대량 사육 농장이라는 열악한 환경에서 고기를 제공하느라 고통을 받는다면, 우리가 고기를 소비하는 행위와 고기를 생산하는 사육 방식은 모두 도덕적으로 잘못된 것입니다.

의학 연구에 침팬지를 이용하는 것을 지지하는 사람은, 공리주의적인 이유로 동물이 겪는 고통보다 연구를 통해 얻는 새로운 약물과 기술의 이로움이 더 크기 때문에 정당하다고 주장합니다. 하지만 싱어의 주장이 옳다면, 인간이 겪는 전체적인 고통이나 다른 영향들이 침팬지가 견디는 고통보다 적은 경우에는 오히려 뇌가 손상된 인간을 의학 연구에 사용하는 것이 정당할 수 있습니다.

이러한 결론은 놀랍고 어쩌면 충격적일 수 있지만, 종 차별주의적 관점을 피해야 한다는 데 동의한다면 이는 논리적 일관성 문제로 이어집니다. 그럼에도 현실적으로나 이론적으로 엄청난 어려움이 남아 있습니다(30장 〈연구의 역설〉 참고). 도대체 대량 사육 농장에서 닭이 겪는 고통은 어떻게 파악할 수 있을까요?

30

신체 기능과 정신적 능력의 유사성
연구의 역설

"잔인한 실험자가 다음 두 가지 방법으로 실험을 진행하도록 허용해서는 안 된다. 그는 인간과 동물이 물리적으로 비슷하다는 이유로 생체 해부의 과학적 타당성을 옹호할 수 없다. 마찬가지로 인간과 동물이 물리적으로 다르다는 이유로 생체 해부의 도덕성을 옹호할 수도 없다. 실험자를 위한 유일한 논리적 대안은 그가 다윈 이전 시대의 사람이거나 비도덕적인 사람이라는 사실을 인정하는 것뿐이다."

현대 동물권 운동의 선구자 가운데 한 명인 리처드 라이더Richard Ryder는 1971년에 쓴 이 글에서, 생체 해부(연구 목적으로 살아 있는 동물을 해부하는 행위)와 그 밖의 동물 실험에 관한 끔찍한 역설을 강조합니다. 간단히 말하면 이러한 실험은 두 가지 가정에 기초한 것으로 보입니다. 하나는 인간과 동물이 비슷하기 때문에 유용하고, 또 하나는 인간과 동물이 다르기 때문에 도덕적이라는 것입니다. 단순히 인간이 아닌 동물이 우리와 같은지 여부를 확인하는 것만으로도 문제를 해결할 수 있어야겠지만 현실은 너무 복잡합니다.

모기에게도 감정이 있을까요?

어떤 동물은 다른 동물보다 인간과 훨씬 더 비슷합니다. 우리는 모기나 달팽이, 그 밖의 무척추동물과는 비슷한 점이 거의 없습니다. 진화론적으로 이 동물들은 먼 친척이고 살아가는 방식이나 몸을 움직이는 방식에서 인간과 공통점이 별로 없습니다. 이런 동물을 대상으로 실험을 진행하면 농작물 해충이나 질병의 전염 방식에 대해서는 깊이 이해할 수 있습니다. 그러나 일반적으로 우리 몸이 기능하는 방식에 관한 유용한 정보를 추론할 수는 없습니다. 단지 이 동물들의 생활 방식이 우리에게 영향을 미치므로 이들을 더 잘 이해하면 얻을 수 있는 잠재적 이점이 있을 뿐입니다.

이 동물들은 분명히 우리와 매우 다릅니다. 그런데 그들이 인간과 다르다는 사실만으로 실험을 수행하는 것을 도덕적으로 용인하는지 질문해야 합니다. 다르다는 사실 자체에 도덕적인 의미가 있을 수는 없습니다. 인간들도 서로 모든 면에서 다르지만, 그렇다고 해서 어느 한 개인이나 집단에 다른 개인이나 집단을 착취할 자격이 있는 것은 아닙니다. 내가 당신보다 더 강하거나 똑똑하거나 부유하거나 피부가 하얗다는 이유로 당신을 우리에 가두고 실험을 진행하는 행위는 타당하지 않습니다.

동물권을 지지하는 사람들은 일반적으로 동물에 대한 도덕적 고려 사항을 결정할 때 중요한 문제가 동물의 의식 수준, 특히 고통과 쾌락을 경험할 수 있는 능력이라고 주장합니다. 예를 들어 모기의 물리적인 조직이 인간보다 덜 복잡하다는 사실은 알 수 있지만, 이 사실만으로 동물의 의식 상태와 관련한 많은 정보를 얻을 수는 없습니다. 우리가 모기나 다른 동물로 살아가는 것이 어떤 의미인지 전혀 알 수 없다는 사실이 진실입니다. '하등' 동물이 우리보다 환경을 덜 예민하게 경험한다고 보기도 어렵습니다. 개는 사람보다 후각이 훨씬 발달했고 사람보다 시력이 더 좋은 새도 많습니다. 특별히 감각이 예민한 동물은 강렬하고 불쾌한 자극에 노출되면 더 큰 고통을 겪는다고 보는 게 합리적입니다.

근본적인 차이는 없습니다

어떤 면에서 인간과 매우 비슷한 동물도 있습니다. 라이더가 앞의 글에서 암시한 것처럼, 찰스 다윈이 자연 선택을 통한 진화론을 주장하면서 동물종과 그들의 관계에 대한 우리의 이해에 혁명적인 변화가 일어났습니다. 그리고 이제는 모든 생물학자가 진화론을 연구의 기초로 받아들입니다. 진화론에 따르면 동물종의 관련성은 공통 조상을 얼마나 가까운 시기에 공유했는지에 따라 결정됩니다. 이를 바탕으로 인간은 척추동물(어류, 파충류, 조류 등)에 해당하고 포유류(개, 사자, 양 등)

와 영장류(원숭이, 유인원 등)에 포함됩니다. 일반적으로 우리는 가까운 동물종과 해부학적(신체의 구조)으로나 생리학적(신체의 기능)으로 더 유사합니다.

이러한 유사성을 감안할 때, 동물계에서 가까운 종을 연구하고 생체 해부를 포함한 실험을 수행함으로써 인간의 기능에 관해 많은 점을 배울 수 있다는 주장은 확실히 설득력이 있습니다. 실제로 지금까지 이런 방식으로 많은 정보를 얻었다는 사실도 부인할 수 없습니다. 예를 들어 원숭이와 유인원을 활용하지 않았다면 의학 연구가 활발히 이루어질 수 없었을 것입니다. 그런데 이 동물들을 실험 대상을 삼는 이유인 바로 그 신체적 유사성 때문에, 동물들이 느끼는 고통이나 의식적 경험이 우리와 비슷하다고 가정할 수 있습니다. 다윈은 "인간과 고등 포유류는 정신적인 능력에 근본적인 차이가 없다"라고 말했습니다. 정신적인 능력에 차이가 없다면(여기서는 라이더의 '잔인한 실험자'조차도 적어도 암묵적으로 동의하는 것 같습니다), 도덕적인 고려 사항에도 근본적인 차이가 없어야 합니다.

" "

어떤 이들은 인간이 다른 동물과 다르다는 낡고 진부한 표현을 지지할 것이다. 그러나 언제부터 그 차이가 도덕적 편견을 정당화했는가?

_ 리처드 라이더, 동물권 운동의 선구자, 1970

동물과 인간의 비용

그렇다면 잔인한 실험자의 주장은 무너지는 것 같습니다. 어떤 동물은 실제로 우리와 매우 다르지만 또 어떤 동물은 매우 유사합니다. 인간의 기능 방식에 대한 통찰력을 제공하기 위한 실험에 유용한 동물은 후자일 것입니다. 상대적으로 비슷한 동물종을 실험해서 얻는 정보가 더 유용하고 신뢰할 수 있습니다. 그리고 잔인한 실험자의 논리를 따를수록 그 실험은 더 비윤리적으로 이루어집니다.

이러한 추론은 동물 연구가 제대로 이루어지지 않도록 막을 수 없지만, 동물의 고통을 포함해 진정한 이익과 비용을 따져 보고 추측을 근거로 한 주장 뒤에 숨어서는 안 된다는 점을 강조합니다. 인간의 건강이나 번영 면에서 이익은 비용을 정당화하는 데 충분할 수 있지만, 그 비용은 동물뿐만 아니라 인간도 지불한다는 사실을 깨달아야 합니다. 동물 실험을 통해 인간이 더 오래 더 건강하게 살 수 있지만, 인간의 궁극적인 목표는 장수나 질병 치료가 아닙니다. 동물에 대한 존중은 우리의 관대함을 보여 주는 것입니다. 우리가 동물의 생명에 가치를 부여하지 않으면 동물에 대한 존중은 필연적으로 약해지고 맙니다.

31

생명이 있는 존재의 삶을 끝낼 권리
육식

당신이 번식용 암퇘지로 살아간다고 상상해 봅시다. 수명이 그리 길지는 않습니다. 아마도 네 번째 생일을 맞기 전에 도축될 것입니다. 그럼에도 다른 일은 하지 않고 먹기만 하다 보니 250킬로그램까지 충분히 거대하게 자랄 수 있습니다. 당신의 몸집은 크지만 몸을 돌릴 수 없을 만큼 비좁은 철제 우리 안에 갇혀 콘크리트 바닥 위에서 하루의 대부분을 보냅니다. 당신은 살면서 다섯 번 정도 비좁은 다른 우리로 옮겨질 것입니다. 그곳에서 새끼 돼지들을 낳겠지만, 새끼들도 곧 따로 감금되고 도축당하기 위해 다른 곳으로 옮겨질 것입니다.

이 돼지는 그냥 암퇘지가 아니라 공장에서 사육되는 암퇘지입니다. 물론 나라마다 조건과 규제 사항은 다르고, 일부 공장식 농장 체제는 다른 농장보다 환경이 더 나쁘기도 합니다. 하지만 이러한 집중적인 사육 방식에는 돼지가 좋아하는 일, 예를 들어 돼지들이 서로 어울리고, 진흙탕에서 뒹굴고, 먹이를 찾아 땅속을 파헤지고, 새끼를 돌보는 일 등이 포함되어 있지 않습니다. 대신 매우 지능이 높은 이 동물들은

고통과 좌절을 겪으며 일생을 살아갑니다. 소나 닭처럼 집중 사육되는 다른 동물들도 마찬가지입니다.

오늘날 전 세계에 연간 수억 톤에 달하는 값싼 고기와 유제품을 공급하려면 어쩔 수 없이 이렇게 사육해야 합니다. 그렇다면 고기를 먹고자 하는 인간의 욕구를 위해 동물 수십억 마리가 짧고 비참하게 사는 것은 과연 옳은 일일까요?

필요성 대 즐거움

인간이 동물을 먹는다는 것은 다른 동물이 인간보다 열등하거나 가치가 낮다는 것을 전제로 합니다. 동물은 오로지 인간의 필요를 충족시키기 위해 지구에서 살아가는 것입니다(29장 〈동물 해방〉 참고). 이러한 견해는 여전히 널리 받아들여지고 있습니다. 하지만 과학적으로 단일한 생명의 연속체를 이룬다는 면에서 인간과 동물 사이에 본질적 차이가 없다고 주장하는 다윈의 진화론에 비추어 보면 이러한 견해는 받아들이기가 더 어렵습니다.

인간의 영양을 위해 식단에 고기가 '필요하다'는 것도 사실이 아닙니다. 오늘날 수백만 명의 채식주의자들이 이를 증명합니다. 실제로 생태학적인 관점에서 인간이 고기를 먹지 '말아야' 한다는 주장도 강하게 제기되고 있습니다. 집중적으로 사육해서 고기 생산량을 늘려야 증가하는 세계 인구를 먹여 살릴 수 있다는 생각은 사실과 전혀 다릅니다. 공장에서 사육되는 동물의 먹이로 주기 위해 재배한 음식을 고기로 전환하는 과정에서 에너지의 가치를 상당량 잃고 맙니다. 고기를 생산하는 동물의 소화관을 통하지 않고 직접 식물성 식품을 섭취하면, 빠르게 증가하는 인간들의 입에 더 많은 영양분을 공급할 수 있을 것입니다.

그렇다면 오늘날 이루어지는 집중적인 사육 방식으로 생산된 고기를 먹는 것은 정당화하기 어렵습니다. 즉 돼지 같은 동물은 최소한의 인도적 대우를 받을 자격이 있는 지능이 높은 동물이라는 사실을 인정한다면 말입니다. 이를 방어할 수 있는 유일한 근거는 많은 사람이 고기를 즐겨 먹는다는 부정할 수 없는 진실입니다. 그렇다면 고기를 맛보는 즐거움이 고기의 주인인 동물의 고통을 정당화할 만큼 충분한지가 문제입니다. 많은 사람이 이 질문에 '아니요'라고 대답하고, 좀 더 양심적인 사람은 이 때문에 식습관을 바꾸기도 합니다.

돼지는 베이컨에게 감사해야 할까요?

소수이기는 하지만 상대적으로 인도적인 조건에서 사육되는 식용 동물은 어떨까요? 이 동물들은 자신이 원하는 대로 움직이고 행동할 자유가 있다면 대체로 즐겁게 살 것이라 생각하는 것이 타당합니다. 도살 시기를 예측하지 않고 사는 게 고통스럽지 않다면, 이 동물들의 고기를 먹는 데 반대할 이유가 있을까요? 사실상 이 동물들은 고기를 생산하는 데 쓰이지 않는다면 애초에 존재하지도 않았을 것입니다. 그렇다면 우리가 고기를 좋아하기 때문에 동물에게 짧지만 행복한 삶의 기회를 주는 것이 동물 자신에게도 좋은 일 아닐까요?

대부분의 사람들은 짧지만 행복한 삶이 아예 삶이 없는 것보다 낫다고 생각합니다. 물론 우리 인간도 미래를 알지 못한 채 살아갑니다. 방목이라는 환경에서 사육되는 동물의 상황과 아주 비슷합니다. 하지만 의도적으로 삶이 끝난다면 상황은 달라집니다. 어린 나이에 살해당한 누군가의 일생이 행복했다는 사실에 안도할 수 있습니다. 그러나 그가 잘 살았다고 해도 인생이 나쁘게, 너무 빨리 끝났다고 말할 것입니다. 이전의 행복을 이어갈 수 없기 때문에 그 죽음의 방식이 잘못되었다는 것입니다. 비슷한 방식으로 방목해서 키우는 동물의 이익, 특히 만족스러운 삶을 계속 영위하려는 이익은 결국 도축됨으로써 훼손됩니다. 우리가 고기를 좋아하지 않았다면 동물은 아예 존재하지도 않았을 것입니다. 하지만 어떤 것을 창조했다고 해서 우리에게 그 존재의 삶을 끝낼 권리가 주어지는 것은 아닙니다. 우리의 선택으로 사람 아기를 세상에 태어나게 할 수는 있지만, 아기가 태어난 뒤에는 우리의 마음을 바꿀 수 없습니다.

> "한입 가득 베어 문 고기를 위해 우리는 한 영혼에게서 태양과 빛을 빼앗고 그가 이 세상에 태어나 즐기려 했던 삶의 일부와 시간을 빼앗는다."
>
> _ 플루타르코스, 그리스 사상가, 기원후 1~2세기

현실을 외면한 죄책감

우리는 공장식 농장에서 생산된 고기보다 인도적으로 생산된 고기를 먹는 게 '더 낫다'는 말밖에 할 수 없습니다. 공장식 농장에서 생산된 고기를 기꺼이 먹겠다는 태도는 정당화는 아닐지라도 고의적인 무지일 수 있습니다. 고기가 어떤 방식으로 생산되는지 어렴풋이 알 수도 있지만, 일부러 적당히만 알려고 하거나 굳이 더 많은 것을 알려고 하지 않습니다. 그럼에도 죄책감은 사라지지 않을 것입니다. 미국의 수필가 랠프 월도 에머슨^{Ralph Waldo Emerson}은 이렇게 말했습니다. "몇 킬로미터에 이르는 우아한 거리에 도축장을 아무리 꽁꽁 숨겨 놓아도 우리에게는 공모의 책임이 있다."

32

생명 존중과 생명 제한
생명의 존엄성

의학과 생물학은 지난 세기 동안 엄청나게 발전했습니다. 이러한 발전을 통해 사람들은 인간의 운명을 통제하는 유례없는 능력을 얻게 되었습니다. 특히 삶과 죽음의 문제에서 상당한 통제력을 행사할 수 있게 되었습니다. 하지만 생명을 연장하거나 죽음을 미룰 수 있다는 사실이 반드시 추가로 얻은 삶에 가치가 있다거나 살 만하다는 의미는 아닙니다.

오늘날 사람들은 100년 전보다 수명이 더 늘었습니다. 한때 걸리면 무조건 죽었던 질병은 이제 손쉽게 치료합니다. 미숙아들도 수십 년 동안 살아갈 수 있습니다. 하지만 건강에 심각한 문제가 있는 아기는 어쩔 수 없이 부모에게 큰 아픔을 줄 수밖에 없습니다. 노인이나 병약자에게는 오래 사는 삶이 늘 좋은 것은 아닙니다. 수명을 늘리는 데는 능숙해졌지만 삶에 가치를 부여하는 일에는 그리 능숙하지 않습니다. 인생은 언제나 살 만한 가치가 있는 걸까요, 아니면 삶을 빨리 끝내는 것이 나을 때도 있을까요?

존엄성 대 삶의 질

어떤 종교 전통에서는 생명, 특히 인간의 생명은 신성불가침한 것입니다. 기독교의 가르침에 따르면 생명은 신이 준 선물이며, 물리적인 몸은 영혼(우리 존재의 가장 깊은 곳에 있는 비물질적인 정신)을 위한 신전입니다. 따라서 생명을 끝내는 일은 창조자의 특권을 행사하는 일이므로 '신을 흉내 내는' 것입니다. 생명의 존엄성을 지키지 않으면 신이 주신 선물을 소중히 여기지 않고 그에 감사하지 않는 것이므로 죄악입니다.

세속적인 관점에서 수많은 철학자가 생명은 본질적으로 가치가 있다거나 그 자체로 좋다는 생각에 반대합니다. 오히려 생명을 끝내는 게 더 나은 경우도 있다고 생각합니다. 이러한 결정에 이르기 위해서는 개인의 자율성이 가장 중요합니다. 개인은 자기 생명의 가치를 평가할 수 있으므로 궁극적으로는 자신이 살아갈 가치가 있는지를 결정할 수 있습니다.

낙태 찬성 또는 반대

종교적 신념은 낙태를 찬성하는 사람들과 반대하는 사람들 사이의 논쟁을 심화합니다. 논쟁의 핵심 주제는 배아에게 부여된 도덕적 지위입니다. 태어날 때 아기는 도덕적으로 충분히 고려해야 할 기본적인 권리와 이익을 갖는 별개의 인격체입니다. 이에 반대하는 사람은 거의 없습니다. 대부분의 사람들은 만삭의 아기를 죽이는 것이 잘못된 일이라고 말합니다. 하지만 배아는 권리와 이익을 갖는다는 의미에서 인간의 지위를 언제 얻게 될까요? 이러한 권리와 이익은 산모의 권리, 이익과 어떻게 비교해야 할까요?

기독교, 특히 가톨릭에서는 배아에게도 영혼이 있으므로 도덕적으로 고려할 가치가 있는 '사람'이라고 주장합니다. 이러한 관점에서 산모의 이익이 배아의 이익보다 '우선'할 수 있는 지점은 전혀 없습니다. 따라서 배아의 낙태는 결코 허용하지 않습니다. 낙태는 살인입니다.

반면, 생물학자는 인간의 임신을 시간의 흐름에 따른 점진적인 발달 과정으로 이해합니다. 배아가 분열하는 세포의 집합체에서 인간으로 바뀐다고 말할 수 있는 지점은 없습니다. 처음 2주 동안 배아는 중추 신경계가 없는 세포 덩어리이기 때문에 통증을 느낄 가능성이 없습니다. 이 시기에는 배아에 개별적인 정체성이 있다고 말할 수 없으며, 실제로 두 개(또는 네 개)의 개별 배아로 발달할 수 있습니다. 이 시점부터 배아는 발달하면서 뇌와 척수, 팔다리가 점점 뚜렷하게 만들어집니다.

우리가 배아에 부여하는 가치도 인간 형태에 점점 가까워질수록 높아지는 것입니다. 낙태를 허용하는 국가에서는 이처럼 임신을 발달 과정으로 이해하는 관점을, 낙태를 허용하는 법률에 반영합니다. 다시 말해 배아가 발달함에 따라 배아의 이익이 산모의 이익보다 더 우선시됩니다.

존엄하게 죽는다고요?

인간의 생명은 신성하며 어떤 대가를 치르더라도 보호받아야 한다는 생각은 이미 시행되고 있는 안락사 문제와 적잖게 관련되어 있습니다. 실제로 안락사와 낙태는 별 차이가 없습니다. 출생이라는 사실에 특별한 중요성을 부여하지 않는다면, 즉 출생 자체를 도덕적으로 중요하지 않은 일로 본다면 생존할 가능성이 극도로 낮은 태아의 낙태를 지지하는 사람은 비슷한 상황에서 신생아의 살해(사실상 신생아의 안락사)를 반대하지 못할 것입니다.

안락사와 낙태의 가장 큰 차이점은 안락사가 자발적일 수 있다는 것입니다. 보통 약물로는 더 이상 관리할 수 없는 불치병 환자는 자신의 인생이 더 이상 살 가치가 없다고 느끼고 고통 없이 존엄한 죽음을 맞이하게 해 달라고 도움을 요청할 수 있습니다. 여기서 자유주의의 입장은, 시민의 견해가 다른 사람에게 해를 끼치지 않는다면 국가는 간섭할 수 없다는 것입니다. 이 경우에는 자신의 삶에 영향을 미치는 결정을 내릴 수 있는 권리인 개인의 자율성이 무엇보다 중요하며 개인의 희망을 존중해야 합니다.

자발적인 안락사를 반대하는 일반적인 의견 중 하나는, 환자의 생명을 앗아가는 행위가 환자를 치료하고 돌보는 의사의 역할이나 목적과 양립할 수 없다는 것입니다. 살인이 의사의 업무에 포함되지 않는다는 주장은 맞습니다. 그렇다고 해서 이 점이 의사가 해야 할 일을 알려 주는 건 아닙니다. 우리는 환자의 자율성 못지않게 의사의 자율성도 존중해야 하며, 환자의 양심이 안락사를 반대한다면 환자에게 안락사를 하도록 강요하거나 안락사를 해야 한다고 의무감을 부여해서는 안 됩니다.

그 밖에도 자발적인 안락사를 반대하는 또 하나의 의견이 있습니다. 안락사 남용을 방지하기 위해 적절한 안전장치를 마련할 수 있는지 의문스럽다는 것입니다. 비판자들은 현실성에 초점을 맞춰 환자가 완전히 동의해서 이루어지는 안락사는 정당하다고 인정하는 것처럼 보일 수 있습니다. 그렇다면 안락사가 허용되는 경우와 그렇지 않은 경우를 구분하는 엄격한 지침을 마련하는 것이 과제로 남습니다.

33

두려움과 희망, 후회의 문제
죽음

"죽음에 대한 두려움이 나를 괴롭힌다." 15세기 스코틀랜드의 시인 윌리엄 던바^{William Dunbar}가 남긴 유명한 탄식에는 보편적인 진리가 담겨 있습니다. 인생의 마지막만큼 중요한 시기도 없습니다. 우리는 끊임없이 죽음의 그림자 속에서 살아갑니다. 우리가 행하고 생각하는 것의 대부분은 인생이 유한하고 언젠가 필연적으로 끝날 것이라는 사실을 바탕으로 하고 있습니다.

이 말은 보편적인 진리일 수도 있지만 명확한 진리는 아닙니다. '죽음'이라는 단어에는 두 가지 전혀 다른 의미가 있습니다. 모든 사람이 마침내 맞이하는 죽음은 인생의 마지막을 끝내는 하나의 사건, 정확히 말해 하나의 과정입니다. 이러한 의미에서 죽음과 그 과정은 정의상으로는 인생의 종결이지만, 이는 삶의 많은 부분을 차지하기도 합니다. 의심할 여지 없이 아직 살아 있을 때 일어나는 일입니다. 또한 죽음은 우리가 죽은 뒤 삶이 끝난 상태를 의미할 수도 있습니다. 더 정확

히 말하면 우리가 존재하지 않는 상태를 뜻합니다. 전에는 존재했던 우리가 이제는 더 이상 존재하지 않기 때문입니다.

그렇다면 죽음을 두려워해야 할까요? 죽음에 대한 두려움을 갖는 건 합리적일까요? 이 질문들은 죽음이 죽는 과정을 뜻하는지 아니면 죽은 상태를 뜻하는지에 따라 그 의미가 전혀 달라집니다. 삶의 마지막 순간인 죽음의 과정을 두려워하는 일은 합리적입니다. 잠을 자다가 갑자기 고통 없이 죽을 수도 있지만, 불행하게도 죽음은 대부분 끔찍하고 고통스럽고 품위 없는 일입니다. 어떤 사람은 불쾌한 죽음을 맞이했을 때 다른 사람보다 더 태연할 수도 있지만, 누구라도 죽음 때문에 불안할 수 있습니다.

그런데 죽어 있는 상태란 무엇일까요? 더 이상 존재하지 않는 것일까요? 지구에서 삶을 마친 것일까요? 어떤 사람들은 이 땅에서 삶이 끝나면 내세로 간다고 믿습니다. 내세의 삶은 이 땅의 삶보다 좋을 수도 있고 나쁠 수도 있지만, 확실히 두 삶은 완전히 다릅니다. 종교적 믿음이나 영적 믿음이 없는 사람들은 죽음을 삶의 끝이라고 생각하고, 죽음 너머에는 육체의 소멸 말고는 아무것도 없다고 생각합니다. 죽음에 대한 당신의 생각도 크게 다르지 않을 것입니다.

희망과 두려움, 천국과 지옥

이 땅의 삶이 전부가 아니라는 믿음, 즉 사후 세계가 존재한다는 믿음은 죽음 이후에 무엇을 기대할 수 있는가에 따라 두려움이나 희망의 근거가 됩니다. 많은 문화권에서 몸은 죽어도 정신적 요소인 영혼은 살아남는다고 생각합니다. 고대 이집트인들은 죽은 자의 사후 세계를 준비하기 위해 복잡한 의식을 거행했습니다. 플라톤은 육체의 물리적 죽음 이전과 이후에 영혼이 존재한다고 믿었습니다. 현대의 힌두교도, 기독교도, 유대교도, 이슬람교도는 모두 사후 세계에 대한 구체적인 믿음을 갖고 있습니다.

종교마다 이 땅에서 어떻게 살았는가에 따라 내세의 운명이 정해진다는 교리가 있습니다. 힌두교를 예로 들면, 개인은 반복해서 환생하고, 각자 전생에 행한 선행과 악행, 즉 업보인 카르마^{Karma}에 따라 환생의 기간과 모습이 결정됩니다. 반면, 기독교와 이슬람교에는 천국과 지옥에 대한 정교한 비전이 있으며 천국과 지옥에 가서 이 땅에서 행한 일에 대한 보상과 처벌을 받습니다. 이러한 종교를 믿는 사람들은 죽음 너머의 삶에 대한 두려움과 희망을 갖고 있으므로, 이 땅에 머무는 동안 그러한 믿음이 도덕관에 큰 영향을 미칩니다.

아무것도 아닌 죽음

사후 세계를 믿지 않는 사람도 죽음을 두려워해야 할까요? 존재하지 않는다고 믿는 세계를 두려워하는 것이 합리적일까요? 그리스 철학자 에피쿠로스^{Epicouros}의 유명한 주장에 따르면 이러한 두려움은 잘못된 것입니다. 에피쿠로스는 죽음을 '가장 끔찍한 악'으로 여깁니다. 하지만 "우리가 존재할 때 죽음은 오지 않고, 막상 죽음이 올 때는 우리가 존재하지 않으니 결국 죽음은 우리에게 아무것도 아니다"라고 주장합니다. 즉 우리가 존재하지 않을 때는 아무런 해를 입을 수 없으니 죽음은 우리를 건드리지 못하고, 우리에게 해를 입힐 수 없는 것을 두려워할 필요가 없다는 뜻입니다. 실제로 에피쿠로스는 죽은 이후의 시간이 태어나기 전의 시간과 다르지 않다고 주장합니다. 태어나기 전의 시간에 무관심하므로 죽은 이후의 시간에도 무관심해야 합니다.

모두가 에피쿠로스의 주장을 믿는 건 아닙니다. 미국의 철학자 토마스 네이글 등은 죽음이 우리의 이익을 해치기 때문에 좋지 않다고 주장합니다. 죽거나 존재하지 않는 상태가 그 자체로 나쁘지는 않다고 말할 수 있습니다. 죽음 자체가 나쁜 것은 아니라는 뜻입니다. 그보다는 우리가 죽지 않았다면 가질 수 있는 좋은 여러 가지를 누리지 못하기 때문에 죽음은 나쁜 것입니다. 우리가 진정으로 원하는 일이 실현되지 않고 삶에 가치를 부여하는 프로젝트나 계획을 완성하지 못하므로 죽음이 나쁜 것입니다.

따라서 죽음은 생명을 단축하고 그로 인해 좋은 것을 빼앗아 가므로 우리에게 해롭습니다. 이 때문에 태어나기 이전과 죽은 이후를 다르게 봅니다. 태어나기 이전에는 우리에게서 아무것도 빼앗아 가지 않습니다. 우리가 누릴 수 있는 일들과 단절시키지 않습니다. 물론 죽음은 우리가 살아 있었다면 겪었을 나쁜 일을 겪게 하지 않는다는 의미에서 좋을 수도 있습니다.

> 카르페 디엠, 쾀 미니뭄 크레둘라 포스테로
> (오늘을 잡아라, 내일을 믿지 말고 최소한만 믿으며).
>
> ― 호라티우스, 로마 시인, 기원전 1세기

후회하지 않도록

좋은 것을 빼앗기는 일이 죽음으로 인한 피해라면 오래 사는 것이 피해를 줄이는 가장 좋은 방법입니다. 예를 들어 건강하게 살고 위험한 일을 적게 하면서 수명을 관리할 수 있지만, 이는 도덕의 문제가 아니라 신중함의 문제입니다. 이러한 신중한 고려 사항을 제외하면 우리가 죽음의 시간에 영향에 미칠 만한 일은 아무것도 할 수 없습니다. 우리가 통제할 수 없는 일에 관심을 갖는 것은 무의미하므로 에피쿠로스의 말이 옳을 수도 있습니다. 좋은 것을 빼앗는 일이 죽음이라면 오히려 두려워하는 것보다는 후회하는 것이 더 적절합니다. 실제로 베르톨트 브레히트Bertolt Brecht의 희곡「어머니Die Mutter」에 등장하는 낙관적인 주인공의 조언을 따르는 것이 가장 좋은 선택은 아닐까요? "인생이 만족스럽지 못하니 죽음을 두려워하지 말라." 인생이 주는 기회를 최대한 활용하고, 하지 못하는 일보다 할 수 있는 일에 더 관심을 기울이면서 충실하게 인생을 살아야 합니다.

34

유전학의 혁신과 도덕, 인간의 독립성
유전 공학

⚖️

우리의 모든 것은 부모로부터 물려받은 유전자의 영향을 받습니다. 우리가 기능하고 행동하는 방식은 세포 안에 위치한 화학적 데옥시보핵산^{deoxyribonecleic acid, DNA}, 즉 '생명의 분자'에 암호화된 정보에 따라 어느 정도 결정됩니다. 과학자들이 DNA가 전달하는 정보를 조작하거나 공학적으로 조작할 수 있는 기술을 발전시키면서 유전 과정에 대한 지식이 계속 확장되고 있습니다. 지능과 외모 등에 영향을 주거나 통제하는 능력, 심지어 개인 전체를 복제하는 능력은 인간이 이전과 달리 '신의 역할'을 할 수 있는 가능성을 열어 줍니다.

사람은 유전자의 산물이라고 이야기합니다. DNA가 설계한 청사진에 따라 지금의 모습을 하고 있다는 것입니다. 이러한 유전자 결정론은 분명 과장된 주장입니다. 사람은 환경의 산물이기도 합니다. 성격, 재능을 비롯한 많은 것이 문화나 교육에 영향을 받습니다. 실제로 현재 우리의 모습은 수많은 생물학적 요인과 환경적 요인이 복합적으로 상호 작용한 결과입니다. 하지만 이 상호 작용 과정에서 생물학과 환경,

즉 자연과 양육이 각각 어느 정도의 역할을 하는지에 관해서는 거의 합의에 이르지 못했습니다.

게이 유전자, 비만 유전자, 범죄 유전자

기자들은 동성애를 설명하는 '게이 유전자'나 비만을 결정하는 '비만 유전자'의 발견 같은 유전학의 혁신에 대한 이야기를 좋아합니다. 이런 기사들의 내용은 보통 단순하기는 하지만 과연 진실을 담고 있을까요? 도덕은 해야 할 일과 하지 말아야 할 일에 관한 것입니다. 내가 당신에게 잘못된 일을 하지 말라고 한다면, 그 말에는 당신이 그것을 하지 않을 능력이 있다는 가능성을 내포한 것입니다.

하지만 당신의 유전자가 당신을 게이로 만들었다면, 게이가 옳은지 그른지에 대해 이야기하는 것은 별로 의미가 없습니다. 당신은 어머니 뱃속에 있을 때부터 이미 게이가 될 운명이었기 때문입니다. 부모로부터 받은 유전자가 독특하게 조합되어 당신을 지금의 모습으로 만들었습니다. 게이 유전자가 당신을 게이로 만들었다면, 그 유전자를 만든 신을 제외하고는 아무도 그 사실에 책임을 질 필요가 없습니다.

굳이 이러한 결정론을 믿지 않아도 유전자에 대해 이해했다면 도덕에 관한 관점을 수정해야 한다고 생각할 수도 있습니다. 예를 들어 많은 연구에서 특정 유전자나 유전자의 조합이 있다면 반사회적인 범죄 행위를 저지를 확률이 높아진다고 주장합니다. 이러한 주장에는 여전히 논란의 여지가 많지만, 만약 사실이라면 지금의 태도와 가정은 달라질 수밖에 없습니다.

잠재적인 범죄자를 미리 식별하는 것이 가능해지면 약물에 기초한 유전적 치료법을 이용해 범죄 성향을 줄이거나 없앨 수 있습니다. 더 불길한 점은, 특정 유전자를 가진 사람이 잘못을 저지르기도 전에 말썽꾼으로 낙인찍힐 위험이 있다는 것입니다. 이 사람들이 잠재적으로 벌일 수도 있는 나쁜 행동을 비난하거나 처벌하는 일은 적절하지 않겠지만, 그래도 다른 사람들을 보호하기 위해 이들을 가둬야 할 수도 있습니다. 범죄 성향이 유전자에 '내재되어' 있다면, 교정이나 재활 프로그램으로 사람을 변화시킨다는 낙관론도 버려야 할 수 있습니다.

게놈 조작

1970년대 이후로 유기체의 게놈genome(하나의 생물체 또는 세포가 지닌 생명 현상을 유지하는 데 필요한 유전자의 총량)을 직접 조작해 변형하는 기술이 점점 더 정교하게 발달하고 있습니다. 유기체의 물리적 형태와 특성이 바람직하게 변경되도록 유전자를 제거하거나 새로운 DNA를 추가할 수 있습니다. 예를 들어 식물은 특정 해충에 대한 내성(저항성)을 얻을 수 있고, 모기는 말라리아 기생충이 살기 힘든 몸속 환경을 만들 수 있습니다.

지금과 같은 발전 속도를 유지한다면 기술적으로 인간 게놈을 광범위하게 변형할 수 있는 날이 멀지 않았습니다. 가장 널리 알려진 예를 들자면, 부모가 자식의 성별뿐만 아니라 지능, 적성, 신체적 특징을 결정할 기술이 개발될 것입니다. 그런데 부모가 이런 권한을 행사하는 것은 과연 옳을까요?

아기 디자인

아기가 부모로부터 여러 가지 질병을 물려받는 것을 막는 유전자 치료법이 곧 나올 것입니다. 많은 사람이 이러한 수단을 사용하는 부모의 권한을 인정하지만, 아이가 평균 이상의 지능을 갖도록 이와 같은 방법을 사용한다는 생각은 쉽게 인정하지 못합니다. 건강한 것과 영리한 것, 이 두 가지 특성은 기본적으로 아이에게 유익하고 아이의 삶에 긍정적인 영향을 미칩니다. 자녀의 이익을 도모하는 것은 부모가 할 일입니다. 그렇다면 어떤 것(질병 예방)에는 유전적 개입을 허용하고 다른 것(지능 향상)에는 개입을 허용하지 않는 이유는 무엇일까요?

부모가 원하는 대로 아기를 디자인한다는 생각에 반대하는 의견 중 하나는 다음과 같습니다. 바로 양쪽 사이에 내포된 불균형한 관계입니다. 인간의 가치는 각자의 개성에 있고, 자존감은 대부분 자율성과 다른 사람으로부터의 독립성에 있습니다. 각 개인은 생각과 행동이 독립적이어야 합니다. 하지만 우리가 누군가의 결정에 따라 지금의 모습을 갖게 됐다고 생각하면 이 모든 것이 훼손되어 버립니다. 인간의 존엄성에는 이보다 더 많은 것이 필요합니다.

부모는 자녀가 성적 생식의 우연한 조합이라고 받아들이면서 자신이 낳았다는 이유만으로 사랑합니다. 부모는 자녀를 무조건적으로 사랑하는 것입니다. 하지만 부모가 미리 자녀를 위한 청사진을 만들었는데 실제 모습과 일치하지 않는다면 어떻게 될까요? 아이는 부모의 기대감이라는 부담을 안게 되고, 결국 아이 자신이 고통을 받게 될 것입니다. 기대에 부응하지 못하면 부모에게 실망을 안겨 줄 테고, 기대를 충족하면 이는 설계된 것이므로 인간 존엄성의 핵심인 독립성이 박탈될 것입니다.

5부

지속 가능한 인간과
지구를 위하여

35

무력을 통한 정치 행위
전쟁

"전쟁은 또 다른 수단을 통해 지속하는 정치다." 만약 18세기 프로이센의 군사학자 카를 폰 클라우제비츠Karl von Clausewitz의 이 말이 맞다면 군사적 충돌은 인류의 영원한 문제로 남을 것입니다. 인간은 정치적 동물이므로 권력과 땅과 제한된 자원에 영원히 굶주려 있습니다. 따라서 어느 집단이 어디에 살고, 어느 집단이 다른 사람들에게 어떤 일을 하라고 지시하는 상황에 대해 논쟁이 벌어지는 것은 불가피합니다. 대부분 이러한 분쟁은 평화적인 수단으로 해결하기 어렵고 결국 폭력적인 갈등이 뒤따르게 됩니다.

전쟁이 인간 본성으로 인해 일어나는 것인지에 대한 견해는 다를 수 있습니다. 어떤 사람들은 전쟁 없는 미래가 가능하다는 희망에 끈질기게 집착합니다. 하지만 어떤 분쟁은 다른 분쟁보다 더 나쁘고, 모든 폭력이 똑같이 나쁜 것은 아니라는 사실에 많은 사람이 동의합니다. 빅토리아 시대 철학자 존 스튜어트 밀은 이렇게 썼습니다. "전쟁은 추악하다. 그러나 가장 추악한 것은 아니다. 전쟁할 가치도 없다고 생각하는 부패하고 타락한 도덕이나 애국심이 훨씬 더 추악하다." 밀은 평화주의자였지만 가끔 선한 싸움은 해야 한다고 믿었습니다. 때로는 대의명분이 중요하므로 무기에 의지하는 것이 덜 악할 수 있습니다. 정의로운 전쟁도 있습니다.

정의로운 전쟁의 조건

정의로운 전쟁이라는 개념의 역사는 성 아우구스티누스와 초기 기독교 교부들에까지 거슬러 올라갈 만큼 오래되었습니다. 원래 정의를 추구하고 무고한 사람을 보호해야 한다는 도덕적 의무에 기초한 이 교리는 '전쟁에 참여하는 정의$^{jus\ ad\ bellum}$(무기를 드는 것이 도덕적으로 옳은 상황)'와 '전쟁 중의 정의$^{jus\ in\ bello}$(전쟁이 진행 중일 때 지켜야 할 행동 규칙)'를 구분하기 위해 등장했습니다. 이러한 개념은 전쟁이 정당화되기 전에 갖춰야 하는 조건과 충족해야 하는 기준을 결정하려는 현대의 정의로운 전쟁 이론에 주요 구조가 됩니다. 이 이론에 따르면, 전쟁을 시작하는 것이 옳다고 인정하기 위해 충족해야 할 여섯 가지 조건이 있습니다. 바로 정당한 명분, 올바른 의도, 합당한 권위, 성공 가능성, 균형 감각, 최후의 수단입니다.

첫 번째이자 가장 중요한 조건은 정당한 명분입니다. 오늘날 서구 국가들은 이 조건의 범위를 침략에 대한 방어로 제한하고 있습니다. 이 조건에는 한 국가의 기본권 침해에 대한 정당방위(정치적 주권과 영토 보전을 위한 공격)가 포함됩니다. 좀더 호전적으로는 이러한 상황에 처한 다른 나라에 대한 지원까지도 확장할 수도 있습니다. 초기에는 정당한 명분이 종교적인 경우가 많았는데, 세속적인 서구에서는 이것이 이념적인 동기로 무시될 수도 있었습니다. 하지만 최근 수십 년 동안 다시 등장한 종교적 근본주의자들은 종교적 동기를 중요하고 아마도 유일한 명분으로 삼고 있습니다.

정당한 명분만으로는 충분하지 않습니다. 반드시 올바른 의도가 수반되어야 합니다. 침략 행위나 다른 원인 때문에 발생한 잘못을 바로잡는 것이 모든 행위의 유일한 동기여야 합니다. 정당한 명분이 국익이나 영토 확장 같은 어떤 속셈일 수는 없습니다.

또 다른 조건은 무기를 들도록 결정할 수 있는 합당한 권위입니다. 인류의 역사에서 대부분의 전쟁은 17세기 시인 존 드라이든[John Dryden]이 말한 것처럼 '왕들의 거래'였습니다. 하지만 18세기 프랑스 혁명 이후에는 전쟁 선포권이 국가의 기관으로 이양되었습니다. 합당한 권위라는 개념은 합법적인 정부에, 의사 결정자와 국민들 사이의 적절한 관계에 까다로운 질문을 제기합니다. 1930년대 독일의 나치 정권은 분명히 절대 권력을 가졌지만, 대부분의 사람들은 정당한 명분은 물론이고 전쟁을 선포하고 수행할 기본적인 합법성조차 부족했다고 말합니다.

국가는 아무리 정의로운 전쟁이라도 성공 가능성이 있는 경우에만 전쟁을 일으켜야 합니다. 생명과 자원을 헛되이 희생하는 것은 의미가 없습니다. 하지만 어떤 사람들은 침략자에게 저항하는 것이 옳다고 주장할 것입니다(물론 잘못된 행위는 아닙니다). 게다가 균형 감각도 유지해야 합니다. 추구하는 목적과 그 목적을 달성함으로써 생기는 결과 사이에 균형이 있어야 합니다. 잘못된 것을 바로잡는다는 정당한 명분을 통해 얻을 것으로 기대하는 이익을, 사상자나 인간의 고통 등 예상되는 피해와 비교해야 합니다.

세계 최초의 위대한 군사 이론가인 중국의 손자^{孫子}는 '싸우지 않고 적을 제압하는 것이 최고의 전략'이라고 말했습니다. 군사적 행동은 항상 '최후의 수단'이어야 하며, 다른 모든 평화적이고 비군사적인 선택이 실패했을 때만 정당화됩니다. 영국의 정치가 토니 벤$^{Tony\ Benn}$이 지적했듯이 '모든 전쟁은 외교의 실패'를 의미합니다.

> 정치는 피를 흘리지 않는 전쟁이지만, 전쟁은 피를 흘리는 정치다.
>
> — 마오쩌둥, 중국 공산당 지도자, 1938

36

무정부 체제와 자조의 원칙
현실 정치

"힘이 곧 정의다"라는 말은 마치 정글이나 동네 불량배의 도덕처럼 들립니다. 하지만 이 말은 '현실 정치realpolitik'의 슬로건이 될 수도 있습니다. 이는 한 국가가 다른 국가와 상호 작용하는 방식과 이유를 설명하는 가장 영향력 있고 널리 알려진 이론입니다. 현실 정치에 따라 국가가 다른 국가에 대한 정책을 결정할 때는 안보와 국익을 고려해야 합니다. 국가는 권력을 행사함으로써 국익을 확보합니다. 국제 관계에서 생기는 갈등 자체는 국가가 권력을 얻고 그 권력의 행사 범위를 확장하는 수단이 됩니다.

현실 정치의 지향점은 실용주의이며, 이는 정치적 현실주의의 본질입니다. 윤리적 고려가 국가의 행위에 영향을 미치는 이상적인 세상이면 좋겠지만 현실을 둘러보면 그렇지 않습니다. 현실 세계에서는 국가의 이익이 언제나 도덕성을 압도합니다. 이는 마치 현실 정치가 처방이 아닌 설명을 제공하는 것과 같습니다. 다시 말해 상황이 어떠해야 하는지가 아니라 어떤지를 말하는 것입니다. 그러나 정치적 현실주의자들, 적어도 고전적 현실주의자들은 일반적으로 권력과 지배를 위한 투쟁이 인간 본성에 뿌리를 두고 있기 때문에, 세상이 원래 모습과 달라져야 한다고 바라거나 주장하는 것은 무의미하다고 믿습니다.

약자는 강자에게 고개를 숙여야 합니다

독일어로 정치적 현실주의라는 뜻의 '현실 정치'라는 단어는 19세기 중반에 만들어진 비교적 새로운 말이지만, 그 바탕에 있는 태도와 가정은 훨씬 더 오래전부터 있었습니다. 가장 유명한 정치적 현실주의자는 피렌체의 니콜로 마키아벨리Niccoló Machiavelli입니다. 마키아벨리는 효율적인 정부를 위해 전통적인 도덕을 무시해야 한다고 주장했습니다. 그러나 그 자신은 멀리 고대 그리스에서 내려오는 전통을 받아들였습니다.

그리스의 역사가 투키디데스Thucydides는 2,400년 전에 펠로폰네소스 전쟁에 대해 설명했습니다. 이 설명에는 전쟁 직전에 스파르타인들의 침략적인 제국주의에 맞서 싸우지 않도록 아테네 사절단을 설득하기 위한 연설문을 기록했습니다. 투키디데스가 기록한 아테네인들은 제국을 시기기로 결정한 과정을 정확한 현실 정치의 언어로 설명합니다.

여기서 우리는 명예, 두려움, 이익이라는 가장 강력한 동기 세 가지를 따른다. 이런 식으로 행동하는 것은 우리가 처음도 아니다. 약자는 늘 강자에게 고개를 숙여야 했다. 스파르타 당신들이 자기 이익을 생각하며 옳고 그름을 말하는 한, 당신들처럼 우리도 마땅히 권력을 가져야 한다고 생각한다. 아무리 정의를 이야기해도 누군가 모든 것을 무력으로 장악하는 일을 막지 못한다.

유토피아에서 현실 세계로

20세기 정치적 현실주의는 과거의 실패에 대한 반작용으로 등장했습니다. 제1차 세계 대전과 제2차 세계 대전 사이에 세계 정치에 대한 지배적 관점은 이상주의였습니다. 이 이념은 효과적인 국제법과 조직을 확립하면 전쟁을 피할 수 있다는 가정을 기초로 한 다소 유토피아적인 접근 방식이었습니다. 하지만 국제 연맹이 무너지고 아돌프 히틀러(Adolf Hitler)를 비롯한 파시스트(fascist) 지도자들이 등장하면서, 그 생각이 틀렸다는 사실이 적나라하게 드러났습니다.

    이런 상황에서 제2차 세계 대전 전후에 등장한 정치적 현실주의자 세대는 국제 관계의 본질과 행위를 비관적으로 바라보게 되었습니다. 그들은 정치인들의 주된 관심사가 국익과 국익을 확보하기 위한 권력이라고 보았습니다. 따라서 권력을 얻기 위한 투쟁은 정치 활동의 원동력이었습니다. 이러한 초기의 고전적 현실주의자들은 다른 국가들의 희생을 통해 권력을 강화할 수 있다고 믿었습니다. 국가 간의 관계에는 늘 승자와 패자가 존재하기 때문에 더 큰 권력을 얻음으로써 국익을 충족하는 사업은 필연적으로 경쟁과 갈등의 문제를 일으켰습니다. 그리고 권력 투쟁이 변하지 않는 인간의 본성이라고 생각했기 때문에 미래에도 변화할 가능성은 거의 없다고 보았습니다. 갈등과 전쟁은 불가피했습니다. 분석가의 임무는 외교와 전략적 동맹을 통해 유지되는 힘의 균형 같은 메커니즘으로 갈등과 전쟁을 어떻게 조절하거나 축소할 수 있는지 평가하는 것에 국한되었습니다.

냉전 시대 핵 전멸의 위협 속에서 살아가는 양극화된 세계에서, 현실주의적 세계관은 안보에 초점을 맞추며 단순하고도 강력한 호소력을 갖게 되었습니다. 하지만 1970년대부터는 이 우아한 단순함을 지나친 단순함으로 보기 시작했고, 현실주의의 세련된 형태인 신현실주의neorealism가 고안되었습니다. 신현실주의는 고전적 현실주의의 가정을 공유하면서도, 인간 본성의 불변하는 법칙 때문이 아니라 국제 체제 구조의 결과로 국제적인 갈등이 일어난다고 보았습니다. 국제 체제를 구성하는 주권 국가들은 공식적으로 서로 동등하므로 자신들보다 높은 권위를 인정하지 않습니다. 따라서 이 체제는 구성원 간의 법률과 합의를 집행할 수 있는 최고 권위가 없다는 점에서 '무성부적'입니다. 이러한 체제에서 각 국가는 자조自助의 원칙에 따라 운영할 의무가 있습니다. 즉 다른 국가와 거래할 때 상대국의 선의를 기대할 수 없고, 자국의 이익을 보호하기 위해 자국의 자원에 의존해야 합니다.

> 유토피아와 현실은 … 정치학의 두 측면이다.
> 건전한 정치적 사고와 삶은 두 가지가 모두
> 자리 잡은 곳에서만 발견할 수 있을 것이다.
>
> _ 에드워드 핼릿 카, 『20년의 위기』, 1939

있는 그대로 보는 세상

신현실주의적 또는 '구조적'인 현실주의는 여전히 국제 관계학에서 영향력 있는 관점입니다. 하지만 비판자들에게는 현실주의의 장점인 단순함이 단점으로 보입니다. 특히 국가 중심의 세계관은 오늘날처럼 복잡한 국제 관계를 제대로 다루지 못한다고 주장합니다. 세계화의 힘, 경제와 그 밖의 요인, 초국가적이고 비국가적인 행위자(다국적 기업, 국제기구, 테러 집단 등)의 영향력, 국가 권력의 쇠퇴와 분열, 복합적 위협(테러, 환경 문제)의 확산, 재래식 군대의 역할 감소 등 모든 것은 현실주의적 관점이 지금의 현실과 동떨어져 있는 것처럼 보이게 만듭니다. 마찬가지로 현실주의의 도덕적 기반이 부족하다(특히 국제 체제 내에서 갈등이 필수적인 원동력이라는 주장)는 비판도 있습니다. 이 모든 비판에 대해 현실주의자들은 반세기 전에 그랬듯이 세상을 바라는 대로 보지 말고 있는 그대로 보라고 응답할 것입니다.

37

정당화된 불평등과 국가의 개입
자본주의

⚖️

1989년 소련과 동유럽의 공산주의 정권이 붕괴되기 전 냉전 시대에는 자본주의를 옹호하는 최고의 주장이 자본주의는 사회주의가 아니라는 것이었습니다. 평등한 사회를 실현하려는 사회주의적 시도가 무의미하다는 사실은 공산주의 사회에 사는 사람들도 분명히 알고 있었습니다. 그들은 이렇게 냉소적인 농담을 던지곤 했습니다. "자본주의에서는 인간이 인간을 착취한다. 사회주의에서는 그와 반대로 한다."

공산주의가 몰락한 이후, 자본주의가 다른 대안들보다 '덜 나쁘다'는 주장만으로는 충분하지 않았습니다. 자본주의 지지자들은 더 긍정적이고 심지어 승리주의적인 어조를 선택했습니다. 예를 들어 1992년 미국의 우파 논객인 프랜시스 후쿠야마 Francis Fukuyama는 권위주의적 통치의 붕괴가 '인류 이데올로기 진화의 종말'이 될 것이라고 예측했습니다. 그는 "기술 주도의 경제 성장과 이를 생산하고 유지하는 데 필요한 자본주의적 사회관계를 중심으로 … 진정한 글로벌 문화"가 출현

할 것이라고 예견했습니다.

  21세기 초에 세계를 뒤흔든 경제적 충격은 자본주의에 대한 긍정적인 예측의 신뢰성을 떨어뜨렸습니다. 실제로 많은 나라를 빈곤하게 만드는 병폐의 원인이 자유 시장의 자본주의 세력이라며 비난받았습니다. 자본주의는 그 어느 때보다 철저하게 감시당하고 있습니다.

애덤 스미스와 자유 시장

자본주의를 추종하는 사람들은 이를 이데올로기라고 표현하는 경향이 있지만, 원래는 기본적으로 경제 활동을 조직하는 생산 방식을 가리키는 말이었습니다. 자본주의의 본질적 특징은 사유 재산, 자유 시장, 거래와 계약을 위한 법률 등입니다. 상품을 만드는 데 필요한 자본, 토지, 자재, 도구 등의 생산 수단은 개인인 자본가가 사적으로 소유하고 있으며, 이 자본가는 생산 수단으로 판매해서 이윤을 남길 수 있는 상품을 만듭니다.

  자본주의는 상품이 자유롭게 교환되는 시장에서 작동합니다. 스코틀랜드의 경제학자 애덤 스미스 Adam Smith 는 『국부론 The Wealth of Nations』 (1776)에서 이러한 자유 시장의 역학을 처음으로 분석했습니다. 천재적인 스미스는 기업, 경쟁, 개인의 이익을 위한 동기 등이 자유롭게 부여되는 순수한 시장에서, 공급과 수요의 역학을 통해 소비자가 구매할 수 있는 합리적인 가격에 맞춰 생산자가 상품과 서비스를 제공한다는 사실을 알아냈습니다. 비용, 가격, 이윤 같은 변수들은 시장 체제 전체의 기능에 따라 결정됩니다. 이 체제를 훼손하지 않고서는 거래 당사자나 외부의 제3자가 이런 변수들을 조작할 수 없기 때문에 이 체제는 자연스럽게 스스로를 규제합니다.

스미스의 분석을 통해 생산과 분배는 정부가 아닌 시장에서 결정해야 한다는 점을 알 수 있습니다. 이로써 자유방임주의$^{laissez\text{-}faire}$라는 고전적 자유주의 교리가 이론적으로 정당화됩니다. 정치와 경제는 구별해야 하고 정치인은 시장의 방향을 조종하려고 해서는 안 됩니다.

카를 마르크스와 자본주의적 착취

자본주의에 대한 현대적 비판은 독일의 정치 이론가 카를 마르크스의 분석에서 시작됩니다. 마르크스는 생산 수단을 개인적으로 소유하는 부르주아^{bourgeois}(자본가 계급)와 이윤 창출을 위해 노동력을 제공하는 프롤레타리아^{proletarier}(노동 계급) 사이의 계급 갈등을 자본주의의 기원으로 봅니다. 마르크스는 자본주의에 원래 착취적 특성이 있다고 보았습니다. 자본가가 노동자의 노동력에 대해 충분히 보상하지 않음으로써 이윤을 창출하기 때문입니다. 따라서 자본주의가 창출한 부는 원칙적으로 노동자와 고용주가 공정하게 공유할 수 없습니다.

게다가 자본주의에는 본래 억압적 특성이 있습니다. 부르주아가 부를 축적하면 경제적 권력뿐만 아니라 사회적·정치적 권력도 부르주아에게 집중되기 때문입니다. 마르크스는 부르주아가 전복되고 사유 재산이 폐지되는 혁명을 통해서만 자본주의에 내재된 착취와 억압이 끝날 것이라고 주장했습니다. 그러고 나서 자본주의는 '각자 능력에 따라 노동하고, 필요에 따라 보수를 받는' 원칙을 기반으로 국가가 중앙에서 경제를 통제하는 정의로운 사회 조직 체제인 공산주의로 대체될 것이라고 보았습니다.

똑똑하지도, 아름답지도, 정의롭지도 않은

자본주의를 비난하는 사람들조차 자본주의가 경제를 성장시키는 능력까지 부정하지는 않습니다. 1848년에 마르크스는 100년 동안 부르주아 계급이 "이전 세대를 모두 합친 것보다 더 거대하고 엄청난 생산력을 창출했다"라고 썼습니다. 가장 큰 불만은 부를 창출하는 과정에 관련된 사람들에게 부가 평등하고 공정하게 분배되지 않는다는 점입니다. 마르크스의 동료인 프리드리히 엥겔스 Friedrich Engels는 산업 자본주의가 노동자들을 비참하게 만드는 광경을 목격했습니다. 노동자들은 더 열악한 조건에서 더 적은 비용을 받으며 더 오랫동안 노동해야만 했습니다. 20세기에 영국의 경제학자 존 메이너드 케인스 John Maynard Keynes는 제1차 세계 대전 이후 자본주의를 가혹하게 비판했습니다. "자본주의는 똑똑하지도 않다. 아름답지도 않다. 정의롭지도 않다. 도덕적이지도 않다. 그리고 제 할 일도 하지 않는다."

보이지 않는 손

자본주의를 지지하는 사람들은 다른 어떤 체제보다 자본주의 체제에서 사회 구성원 전체가 잘살기 때문에 그 과정에서 발생하는 불평등은 정당하다고 주장합니다. 자유 시장의 자율 규제라는 특징은 그 안에서 개인이 자신의 이익을 위해 행동하다 보면 무의식적으로 집단의 이익을 증진시킨다는 뜻입니다. 애덤 스미스의 표현대로 '보이지 않는 손'이 이런 좋은 결과를 가져옵니다.

여기서 스미스의 권위를 주장하는 견해에는 다소 오해의 소지가 있습니다. 그의 설명에 따르면, '보이지 않는 손'은 상인들이 국내 산업을 선호하게, 즉 자국에 투자하도록 장려해 공익을 증진하게 유도하므로 국제 시장에는 그다지 좋은 효과가 없을 것입니다. 자본주의가 세계의 이익을 촉진한다고 주장하는 것은 훨씬 더 어렵습니다. 21세기 초에 국제 은행가들의 무분별한 탐욕으로 인해 발생한 심각한 경제적 피해는, 충분히 규제하지 못하는 자본주의 제도에서 일어날 수 있는 문제를 보여 준 가장 최근의 증거일 뿐입니다.

실행할 수 있는 대안이 부족하다는 사실은 여전히 자본주의를 위한 최선의 논거가 될 수 있습니다. 하지만 정부에게 항상 손을 떼라고 요구하는 완전히 자유주의적인 '작은 정부'는 더 이상 유지하기 어렵습니다. 이제 문제는 국가가 시장에 개입해야 하는가 하지 말아야 하는가가 아니라, 얼마나 자주 개입해야 하는가입니다.

38

지나친 동정, 사회 정의의 위선
지구라는 구명보트

지구상에서 부는 극도로 불균등하게 분배됩니다. 누군가는 극도로 불공평하다고 말할 수도 있습니다. 21세기에는 전 세계 자산의 85퍼센트가 세계 인구의 10분의 1에 속해 있는 것으로 추산됩니다. 반면, 세계 인구의 절반에 해당하는 가난한 주민은 전 세계 부의 1퍼센트만 차지하고 있습니다. 세계 빈곤 지역에서는 수억 명의 사람들이 적절한 거처, 안전한 식수, 기본 의료 서비스를 제공받지 못하고 있습니다. 매년 다섯 살 미만 아동 중 1,000만 명 이상이 영양실조와 예방할 수 있는 질병 때문에 사망합니다.

한쪽에서는 막대한 부를 누리고 다른 쪽에서는 극심한 빈곤을 겪습니다. 운 좋게 전자 쪽에 있게 된 사람들은 사실상 아무것도 하지 않습니다. 물론 부유한 국가에서는 가난한 국가에 수십억 달러의 국제 원조를 제공합니다. 하지만 그 정도로 충분할까요? 안락하고 사치스러운 생활을 하지만 양심이 있는 사람이라면 도덕적 의무를 다하지 못하는 것은 아닌지 때로는 의문을 품을 수밖에 없습니다.

도덕의 바다에 표류하기

물론 '모든 사람'이 그런 건 아닙니다. 미국의 생태학자 개릿 하딘[Garrett Hardin]은 1974년에 발표한 논문에서 서구에 있는 사람들이 세계의 가난한 지역 사람들을 위해 너무 많은 일을 하고 있다고 주장합니다. 그는 그 이유를 그는 '지구라는 구명보트'라고 비유해 설명합니다.

구명보트에 50명 정도 앉아 있다. 넉넉하게 10명 정도 더 탈 수 있어 총 60명이 최대 정원이라고 해 보자. 구명보트에 탄 50명에게, 보트 밖 물에서 헤엄치는 100명이 보트에 태워 달라고 간청한다고 가정하자. 우리에게는 몇 가지 선택지가 있다. 기독교적 이상에 따라 '우리의 형제를 지키는 사람'이 될 수도 있고, 마르크스주의적 이상에 따라 '각자 필요한 만큼' 대가를 제공할 수도 있다. 물에 빠진 사람들에게 필요한 것은 같고 모두 '우리의 형제'라고 볼 수 있으므로 그들을 모두 보트에 태웠다. 60명 정원인 보트에 총 150명이 탄 것이다. 결국 보트는 가라앉고 모든 사람이 익사한다. 완전한 정의를 실현하면 완전한 재앙에 빠진다.

차라리 구명보트에는 아무도 태우지 않는 것이 더 낫습니다. "배에 올라타려는 사람들을 끊임없이 감시해야 하지만", 태우지 않는 것이 우리가 살아남기 위한 가장 확실한 방법입니다.

하딘이 그리는 그림은 그다지 아름답지는 않습니다. 부자들은 배에 안전하게 앉아 있고, 노를 붙잡고 배에 올라타려는 가난한 사람들의 손가락을 부러뜨립니다. 하딘에게 동정심이 부족하다고 비판하는 사람들이 있지만 분명 비도덕적인 것은 아닙니다. 결국 하딘은 아무리 좋은 의도로 서구가 개입하더라도 양측 모두에게 피해를 준다고 믿습니다.

해외 원조를 받는 나라들은 의존적인 문화가 생겨 난관을 헤쳐 나갈 수 있는 '비싼 교훈을 얻기' 어렵습니다. 특히 서구의 원조라는 안전망 덕분에 폭발적인 인구 증가라는 공포를 당장 겪지는 않겠지만, 가혹한 고통을 겪게 될 날들을 다음 세대로 미루기만 할 뿐입니다. 동시에 이민을 무제한으로 수용하면 정체되어 있던 서구 인구는 경제적 난민의 밀물에 휩싸이고 맙니다.

가혹한 구명보트의 윤리에 대해 변명하지 않는 하딘은 누구에게 책임을 물어야 할지 잘 알고 있었습니다. 바로 지나친 양심 때문에 잘못된 인도주의적 행동을 취하는 '지나치게 동정심 많은' 자유주의자들입니다.

하딘은 죄책감에 시달리는 자유주의자들에게 그렇다면 당신들이 "배에서 내려 다른 사람에게 자리를 양보하라"고 말했습니다. 그래야 배를 불안하게 만들고 있다는 양심의 가책이 사라질 수 있습니다. 우리가 어떻게 여기까지 왔는지 걱정할 필요도 없습니다. "우리는 과거를 다시 만들 수 없습니다." 대신 우리는 미래 세대를 위해 세계를 보호하는 데 관심을 가져야 합니다.

> 가까운 미래에 생존하기 위해
> 우리는 구명보트의 윤리에 따라 행동을 통제해야 한다.
> 그렇지 않으면 후손에게 잘못된 유산을 남기게 될 것이다.
>
> _ 개릿 하딘, 미국 생물학자, 1974

자유주의자와 지구라는 우주선

세계의 빈곤에 대한 하딘의 해결책인 '엄한 사랑'은 특히 자유주의자들이 거부감을 갖습니다. 보통 자유주의자들은 노를 들고 누군가의 머리를 때리는 것을 싫어합니다. 자유주의적 관점에서 사회 정의의 기본 요건 중 하나는 사람들이 공평한 대우를 받는 것입니다. 성별이나 피부색처럼 우리가 통제할 수 없는 조건 때문에 다른 대우를 받으면 안 됩니다. 우리는 태어난 곳도 통제할 수 없는 조건이므로 국경에 도덕의 무게를 두어서는 안 됩니다.

물론 하딘은 이러한 요건이 배를 바닷속으로 가라앉게 만드는 사회 정의라고 끈질기게 주장합니다. 하지만 자유주의자는 하딘의 해석을 받아들이지 않아도 됩니다. 구명보트가 정말 가라앉을 위험에 처해 있을까요? 사치품에 익숙한 부자들이 조금만 붙어 앉고 비상식량을 줄이면 되지 않을까요? 예를 들어 자유주의자들은 반대힐 수도 있지만, 하딘은 높은 출산율이 가난한 나라들의 특징이고 이들이 공정한 대우를 받더라도 이 특징은 지속될 것이라고 가정합니다. 하지만 그는 높은 출산율이 높은 유아 사망률, 짧은 기대 수명, 열악한 교육 환경 등에 대한 반작용일 수 있다는 사실을 인정하지 않습니다.

실제로 자유주의자들은 구명보트 비유를 아예 거부할 수도 있습니다. 이들이 선호하는 이미지는 '지구라는 우주선'입니다. 우리는 모두 지구라는 우주선에 탑승하고 있고, 우주선을 관리하고 소중한 자원을 낭비하지 않는 것이 우리의 의무입니다. 이를 위해 모든 사람이 함께 일해야만 합니다. 만약 우주선의 자리를 공평하게 분배받는 것에 만족하지 않으면 사람들은 그 일을 하지 않을 것입니다.

도덕은 국경을 뛰어넘을까요?

자유주의자들은 자신들이 지구라는 우주선에 살고 있다고 믿을 수도 있습니다. 그러나 그들 대부분이 그렇게 행동하지 않는다는 것이 문제입니다. 실제로 사회 정의의 요건은 국경에서 멈추거나 국경을 넘나드는 과정에서 희미해집니다. 오늘날 세계적인 불평등을 해소하기 위해 노력하는 선진국은 없습니다. 가난한 나라들이 가라앉는 동안 호화로운 객실에 쾌적하게 앉아 있는 사람들이 개릿 하딘의 추종자들뿐만은 아닙니다.

위선자라는 비난을 피하려면 자유주의자들은 자신들이 속한 세계가 아닌 다른 세계에서는 공평함이 왜 사라지거나 희미해지는지 설명해야 합니다. 아니면 지금의 관행과 정책이 부적절하다는 점을 인정하고, 사회 정의의 원칙이 전 세계적으로 확장된 세계 시민적 자유주의cosmopolitan liberalism를 수용해야 합니다. 이러한 문제를 해결하려고 시도한 철학자도 있었고, 이론과 실제 모두 급격하게 변화해야 한다고 주장한 철학자도 있었습니다. 하지만 이들은 빙산의 일각만 건드렸을 뿐입니다. 구명보트는 빙산을 향해 빠르게 접근하고 있습니다.

39

부자와 가난한 자로 양극화된 세상
빈곤

빈곤은 불가피한 것이 아닙니다. 빈곤은 인간의 생명을 유지하는 필수 자원이 고르게 분배되지 않아서 생깁니다. 오늘날에는 모든 사람이 편안하게 살 수 있을 만큼 자원은 충분합니다. 자원이 평등하게 분배되지 않는 것은 자연적 필요가 아닌 인간의 선택에 따른 결과입니다. 지금보다 더 평등하게 분배해야 하는지, 덜 불평등하게 분배해야 하는지는 사회 정의의 주요 관심사입니다.

넓은 의미에서 빈곤은 사람들이 기본적인 욕구를 충족시킬 수 없으며 사회에서 정상적으로 기능할 수 없는 상태를 의미합니다. 그런데 무엇이 '기본'이고 무엇이 '정상'일까요? 선진국에서 빈곤은 상대적인 것입니다. 사람들은 삶을 유지하는 데 필요한 기본 요건이 부족해서가 아니라, 지역 사회에서 설정한 최소한의 기준에 미치지 못하기 때문에 빈곤하다고 생각합니다. 이와 대조적으로 개발 도상국에서는 인구 대부분이 절대적인 빈곤 상태에서 살고 있습니다. 그들은 겨우 생존할

수 있는 정도의 식량만으로 생계를 유지하며 살고 있습니다.

상대적 빈곤과 선진국

산업화된 경제가 창출한 부 전체를 모든 사회 구성원들에게 더 공평하게 분배한다면 상대적이든 절대적이든 빈곤한 사람은 아무도 없을 것입니다. 그렇다면 왜 빈곤이 계속될까요?

사회주의적 관점에서 빈곤은 자본주의의 구조적 특징이며 결코 정당화되지 않습니다. 이윤 극대화라는 목표는 낮은 임금으로 노동력을 착취해 불평등과 그로 인한 상대적 빈곤을 심화합니다. 따라서 사회주의는 사회적·경제적 조건의 평등을 이루고 자원을 재분배함으로써 빈곤을 없애려고 합니다.

고전적 자유주의의 관점에서도 빈곤을 구조적인 문제로 보지만, 사회주의적인 분석의 대부분은 거의 공유하지 않습니다. 자유주의의 핵심 가정은 한 나라의 자원이 시장의 힘에 따라 가장 효율적으로 분배된다는 것입니다. 자유 시장에서 개인은 자신의 이익을 추구하기 위해 서로 경쟁합니다. 이에 따라 모든 사람에게 똑같이 좋지는 않지만, 다른 대안들보다는 나은 경제적 결과를 가져옵니다. 승자와 패자는 늘 있습니다. 결과적으로 나타나는 부의 양상에는 개인의 재능과 기술이 반영됩니다. 부는 성공하고 싶다는 동기를 제공하며, 빈곤에 대한 두려움은 개인이 노력하고 사업을 발전시키려는 동기가 됩니다.

현대의 모든 자유 민주주의 국가는 자본주의를 표방하지만, 실제로는 시민의 복지를 변덕이 심한 시장에 전적으로 맡기는 것이 옳다고 생각하지는 않습니다. 정의로운 사회 조직에서는 일부 구성원이 불가피하게 다른 구성원보다 더 많은 기회를 얻더라도, 모든 구성원이 자신의 이익을 증진시킬 수 있는 동등한 기회를 가져야 합니다. 경기장을 평평하게 만들기 위해 얼마나 많은 일을 해야 하는지에 대한 견해도 다양합니다. 실제로 모든 경기장은 아주 울퉁불퉁합니다. 하지만 제한 없는 자본주의 때문에 발생하는 빈곤과 다른 병폐를 완화하려면 국가가 어느 정도 개입해야 한다는 의견에 모두가 동의합니다.

절대 빈곤과 개발 도상국

상대적 빈곤 속에 살고 있는 자본주의 지지자들은 자본주의가 이러한 상황을 야기했지만 여기서 벗어날 수 있는 최고의 기회도 제공하므로 지금의 상황은 참을 수 있다고 생각합니다. 하지만 절대 빈곤 상태에서는 결코 그런 일이 일어나지 않습니다. 빈곤은 삶을 황폐하게 만들고 그들의 삶은 결국 비참하게 끝납니다.

오늘날 세계의 부유한 국가와 빈곤한 국가의 격차는 엄청나게 심각합니다. 2012년 국제 통화 기금International Monetary Fund, IMF의 발표에 따르면, 세계에서 가장 부유한 국가인 카타르는 가장 빈곤한 국가인 콩고 민주 공화국보다 무려 292배나 부유합니다(미국은 136배 부유합니다).

북아메리카, 유럽과 일부 지역에 부가 집중되어 있는 반면, 남아시아와 아프리카에 빈곤이 널리 퍼져 있습니다. 부유한 국가에서는 매년 수십억 달러를 빈곤한 국가에 원조하지만, 이 돈으로 부의 불균형을 바로잡기에는 충분하지 않습니다. 대부분의 경우에는 빈부 격차가 점점 더 벌어지고 있습니다.

하딘 대 싱어

가난한 개발 도상국에 어떤 원조도 해서는 안 된다고 주장하는 사람들도 있습니다. 이렇게 주장하는 영향력 있는 사람으로 미국의 생태학자인 개릿 하딘이 있습니다. 그는 해외 원조로 구제받는 나라들은 자신들의 어리석음, 특히 통제되지 않는 인구 증가를 깨닫지 못한다고 주장합니다. 부유한 국가들은 단지 지금의 문제를 다음 세대에게 미루기만 할 뿐입니다(38장 〈지구라는 구명보트〉 참고).

반대편에는 오스트레일리아의 윤리학자 피터 싱어가 제시한 강력한 주장이 있습니다. 이 주장에 따르면 지금의 해외 원조 수준은 매우 부족합니다. 싱어의 주장은 두 가지 가정에 근거합니다.

> 1. 식량, 주거지, 의료의 부족 때문에 겪는 고통과 죽음은 나쁜 것이다.
> 2. 도덕적으로 중요한 것을 희생하지 않으면서 나쁜 일이 일어나

지 않도록 막을 수 있는 능력이 있다면, 우리는 도덕적으로 그렇게 해야 한다.

싱어는 이 두 가지 가정을 모든 사람이 받아들일 것이라고 생각하지만, 그럼에도 두 번째 가정을 뒷받침하기 위해 다음과 같은 사례를 제시합니다.

만약 내가 얕은 연못을 지나가다가 물에 빠진 아이를 보면 그 연못으로 들어가 아이를 구해야 한다. 내 옷이 진흙으로 더러워지겠지만 이는 사소한 일이며, 아이가 죽는다면 아주 나쁜 일이 될 것이다.

여기서 생명을 구하기 위해 희생(이 경우에는 내 옷이 엉망이 되는 아주 사소한 일)해야 하는 도덕적 의무는 명백해 보입니다. 실제로 무엇이 '비교할 만한 도덕적 중요성을 갖는지'에 대한 의견 차이가 생길 수 있습니다. 하지만 새 스포츠카나 최신 스마트폰을 갖는 일이 다른 인류를 구하는 일만큼이나 도덕적으로 중요하다고 주장하기는 어렵습니다. 싱어의 주장에 따르면 적어도 선진국에서 당연하게 여기는 수많은 사치를 포기해야 합니다.

새로운 도덕적 관점

사실상 싱어는 우리가 사치품 그 이상의 것을 포기해야 한다고 생각합니다. 비록 필요하지 않은 것을 사려고 쓰는 돈을 해외 원조에 지출하는 일이 우리 삶의 방식에서는 혁명을 의미할 수도 있지만 말입니다. 실제로 싱어의 주장을 받아들이면 의무와 자선의 전통적인 경계가 사라지기 때문에 우리의 도덕적 관점 전체를 바꿔야 합니다. 오늘날 세계에 존재하는 절대 빈곤과 관련해 내릴 수 있는 불편한 결론은, 우리가 현재 처한 입장에 대해 변명할 수 없다는 것입니다.

40

학대받은 지구의 마지막 선택
환경

지구는 단 하나뿐입니다. 가까운 미래에 이 행성은 우리의 유일한 집이 될 것이고, 우리의 생존 여부는 식량과 자원을 지속적으로 제공하는 능력에 달려 있습니다. 역사를 통틀어 지구는 이러한 필요를 충족했습니다. 하지만 최근 지구에 가해지는 부담이 급격히 증가하고, 인간의 활동이 미치는 영향에 지구가 어느 정도까지 대응할 수 있을지에 대한 우려의 목소리가 커지고 있습니다. 환경 윤리 연구에서는 우리와 지구의 관계, 우리가 지구에 부여하는 가치를 시급하게 재평가해야 합니다.

오늘날 인구는 1700년대 초보다 열한 배나 많아졌고, 유한한 자원에 대한 한 개인의 수요는 평균적으로 더 많아졌습니다. 인류는 고갈된 자원에 대한 증가하는 수요를 충족하기 위해 새롭고 독창적인 방법을 고안했습니다. 하지만 전 세계의 산업화는 자연의 시스템을 손상시키는 인류의 능력을 확대했습니다. 지구에 무한정 부담을 줄 수는 없습니다. 서구에서 널리 채택한 '에너지를 많이 소비하는' 생활 방식은 지

속 가능하지 않습니다.

인류 역사 대부분의 기간 동안 동물과 식물을 포함한 자연 세계에 대한 인간의 태도는 착취적이었습니다. 인간은 마치 지구를 정복하고 길들여야 하는 대상이자 착취하고 약탈해야 하는 자원인 것처럼 행동했습니다. 이러한 관점의 근거는 성경이었고, 고대 그리스인, 특히 아리스토텔레스도 인간이 '존재의 사슬' 꼭대기에 있으며 하등한 동물의 기능은 최상위에 있는 인간을 섬기는 것이라고 믿었습니다.

계몽된 청지기

1960년대 후반에 시작된 현대 녹색 운동의 선구자들은 지구를 학대하면서 인간이 처하게 될 위험을 운동의 주된 동기로 삼았습니다. 이들은 전통적인 인간 중심적인 태도에 도전하지 않았으며, 동료 인간과 미래 세대에 대한 우리의 책임에 관심을 가졌습니다. '계몽된 청지기 enlightened stewardship'라는 이미지를 선호했고, 절약과 이익이 적절히 결합된 생태 의식으로 지구를 아끼며 지속 가능하게 관리하자고 권고했습니다.

이러한 접근 방식의 실용적 측면은 1987년 세계 환경 개발 위원회 World Commission on Environment and Development, WCED가 작성한 보고서 「우리 공동의 미래 Our Common Future」에 반영되었습니다. 여기서 지속 가능성이란 "미래 세대가 자신의 필요를 충족하는 능력을 손상시키지 않으면서 현재의 필요를 충족시키는 개발"이라고 정의했습니다. 이 보고서에서는 인간의 본성보다 인간의 행동이 변화될 가능성이 높다고 인식했고, '현재의 필요'가 단순히 잘못된 방향으로 흘러갔다고 암시하지는 않았습니다. 실제로 "자연환경의 자원 기반을 유지하고 확대하는 정책을 바탕으로 새로운 경제 성장 시대의 가능성"이 열릴 것이라고 기대했습니다. 이 메시지는 우리가 지금까지 갖고 있던 모든 열망을 버려야 한다는 뜻이 아닙니다. 열망을 실현하기 위해 더 현명해져야 하고 더 공감해야 한다는 뜻입니다.

심층 생태학

인간과 환경의 관계가 변화해야 한다고 강력히 요구하는 목소리는 항상 있었습니다. '심층 생태학deep ecology'으로 알려진 급진적인 관점에서는, 동정심 많은 청지기의 이미지를 인간과 자연의 불평등하고 착취적인 관계를 반영한다는 이유로 반대합니다.

심층 생태주의자들의 핵심 주장은 동식물을 비롯한 자연환경이 인간에게 이익을 주는 수단으로서만 중요한 것이 아니라 본질적으로 가치가 있다는 것입니다. 지구와 모든 생명체는 우리의 필요를 충족시키거나 삶을 아름답고 풍요롭게 만들어 주기 때문에 주목할 가치가 있는 것이 아닙니다. 실제로 인간과 지구를 공유하는 수많은 생물종은 유용하지도, 아름답지도 않지만 여전히 그 자체로 가치가 있습니다.

따라서 도덕적 의무의 범위는 현재와 미래의 동료 인간을 넘어 또 다른 형태의 생명과 세계까지 넓혀야 합니다. 우리 자신을 구하기 위해 지구를 구하는 것만으로 충분하지 않습니다. 우리는 자연에서 떨어져 있지 않으며 자연의 일부이므로 자연과 조화롭게 살아야 합니다.

심층 생태학의 매력이 무엇이든 이 관점에도 문제는 있습니다. 우리는 도덕적 고려가 이해관계나 감정이 있는 대상에서 기인하고, 그 정도는 대상이 갖고 있는 감각의 정도에 비례한다고 가정할 수 있습니다. 이를 근거로 대부분의 동물들이 어느 정도 도덕적 존중을 받을 자격이 있다고 생각할 수 있습니다. 그렇다면 나무의 이해관계는 무엇일까요? 또는 좀 더 특이하게 시냇물이나 산 같은 무생물의 이해관계는 무엇일까요? 자연의 모든 것에 내재적 가치가 있다는 개념은 이해할 수 있습니다. 그러나 말라리아모기나 천연두 바이러스에게 인간처럼 자신만의 이해관계가 있더라도 인간인 우리가 그것을 얼마나 도덕적으로 존중해야 하는지 의문을 가질 수 있습니다. 심층 생태학에는 신비주의적인 매력이 있지만, 이러한 신비주의가 때로는 기본적인 일관성을 숨기는 것처럼 보이기도 합니다.

인간이 있든 없든

심층 생태학에서 가장 영향력 있는 연구 중 하나는 영국의 독립 과학자 제임스 러브록James Lovelock이 1979년에 자신의 저서 『가이아: 살아 있는 생명체로서의 지구 Gaia: A New Look at Life on Earth』에서 처음 제시한 '가이아 이론'입니다. 러브록이 주장한 이 이론의 핵심 개념은 지구상의 생명체가 스스로 생존에 필요한 조건을 유지한다는 것입니다. 우리의 '불안정한 부분들로 이루어진 안정된 행성'은 모든 생물과 무생물이 결합한 활동으로 움직이는 거대한 피드백 메커니즘 feedback mechanism 으로 평형 상태를 유지합니다. 인간은 전체의 일부이자 파트너일 수는 있지만, '행성의 주인도 관리자도 아닌 단지 또 하나의 종'일 뿐입니다. 가이아의 교훈은 우리 세계의 건강이 행성 중심의 관점에 따라 결정된다는 것입니다. 이 교훈은 불길한 사실을 암시합니다. 우리가 아무리 나쁘게 대해도 지구는 살아남을 가능성이 높지만 결국 인간은 살아남지 못한다는 것입니다.